아무튼, 맛집

아무튼, 맛집

박재영

차례

맛집을 찾는 마음 ___ 6

로씨니를 사랑합니다 ___ 18

웨이터는 왜 웨이터라고 하나 ___ 34

하얏트 VS. 신라 ___ 46

남의 맛집을 탓하지 말라 ___ 60

맛집의 여러 차원들 ___ 72

사랑하는 맛집과 존경하는 맛집 ___ 84

미식가에게 필요한 덕목 ___ 98

맛집, 어디까지 가봤니? ___ 114

세계 최고 맛집의 품격 ___ 130

노포는 언제나 옳다? ___ 146

맛집을 찾는 바른 마음 ___ 158

맛집을 찾는 마음

자동완성기능을 꺼놓지 않는 한, 네이버에 지명을 입력하면 거의 틀림없이 '맛집'이 자동 생성된다. 성수를 치든 상수를 치든, 진주를 치든 전주를 치든, 홍대를 치든 이대를 치든 마찬가지다. 얼마나 많은 사람이 맛집을 원하는지 알 수 있다. 내가 모든 동네 이름을 검색해본 것은 아니지만, 국내의 지명은 거의 예외가 없는 듯하다. 외국의 도시 이름을 입력했을 때 맛집이 따라붙는지 여부를 보면, 그곳이 한국인들이 자주 방문하는 도시인지 아닌지를 알 수 있을 정도다. 가령 도쿄, 로스앤젤레스, 런던 같은 도시의 연관검색어에는 맛집이 있고, 볼티모어, 카사블랑카, 부에노스아이레스 같은 도시의 연관검색어에는 맛집이 없다.(한국인이 많이 방문하지만 신혼여행객이 많은 몰디브나 발리의 연관검색어에는 맛집이 없다. 신혼여행에서는 맛집 탐방보다 훨씬 중요한 일이 있기 때문일 것이다.) 구글에서 영어로 같은 짓을 하면 그렇지 않다. 한국인은 맛집에 진심이다. 나도 그렇다. 오죽하면 이런 책을 쓸 생각을 했을까.

　　맛집의 사전적 의미는 '음식의 맛이 뛰어나기로 유명한 음식점'이지만, 우리는 맛집이라는 단어를 훨씬 더 다양한 용도로 사용한다. 맛이 좀 별로라도 모양이 특이하거나 플레이팅이 근사한 음식점은 인스타 맛집이라 부르고, 분위기가 특별히 좋은 음식점은 분위기 맛집, 데이트하기 좋은 음식점은 데이트 맛집이라 부른다. 먹을 것을 파는 곳에만 붙이는 것도 아니다. 네일 케어 잘하는 집은 네일 맛집, 피어싱 잘하는 집은 피어싱 맛집, 왁싱 잘하는 집은 왁싱 맛집, 예쁜 수영복 많은 가게는 수영복 맛집, 예쁜 양말 많은 가게는 양말 맛집, 공부하기 좋은 스터디카페는 공부 맛집, 좋은 책들을 잘 큐레이션해놓은 독립서점은 책 맛집이라 부른다. 우리는 언제나 맛집이 고프다.(이 책에서는 먹을 것을 판매하는 맛집만 다룬다.)

    맛집을 열심히 찾아야 하는 이유는 많다. 첫째, 우리의 삶이 유한하기 때문이다. 옛날에 비해 평균수명이 크게 늘어났다고는 해도, 우리는 기껏해야 3만 날 전후의 시간만 허락받는다. 매일 세 끼씩 꼬박꼬박 챙겨 먹고 가끔 야식까지 즐긴다고 해도 잘해야 10만 끼니 먹으면 끝이다. 모든 끼니를 맛집 순례로 해결하는 사람은 당연히 없고, 우리는 대부분의 끼니를 그저 '때운다'. 대충 해결한다는 뜻이다. 영화 〈올드보이〉의 오대수가 오늘도 대충 수습하며 사는 것처럼, 우리는, 이름이 오대섭도 아닌데, 오늘도 대충 섭취하며 산다. 소쩍새가 한 송이 국화꽃을 피우기 위해 몇 번을 우는지 모르겠지만, 우리는 어쩌다 한 번의 맛집 방문을 위해 아침부터 저녁까지, 월요일부터 금요일까지, 몇 번이나 직장을 때려치우고 싶은 마음을 억누른다. 맛집을 방문하는 시간은 소중하다.

 둘째, 맛있는 것을 먹는 일이 무척이나 즐겁기 때문이다. 사실 어지간히 맛없는 것만 아니라면, 먹는 일은 대체로 즐겁다.(나이와 욕은 빼고.) 먹지 않으면 살 수가 없으니 배고플 때면 음식을 찾아 먹고 에너지를 보충하도록 프로그래밍되어 있는 게 우리 몸이고, 사실 칼로리만 충분하고 필수영양소가 다 들어 있기만 하면 무얼 먹든 생존에는 전혀 문제가 없다. 하지만 그저 그런 음식을 먹을 때와 맛있는 음식을 먹을 때의 기분은 완전히 다르다. 먹을 것이 아주 귀했던 오래전에는 무엇이든 배를 채울 거리만 있으면 행복했을 것이고, 다음 끼니에도 먹을 것을 구할 수 있을지 확신할 수 없기에 지금 눈앞의 음식을 먹는 행위가 더욱 절실했을 것이다. 하지만 풍요로운 세상을 사는 우리는 단순히 배를 채우는 것만으로는 그리 기쁘지 않고, 맛있는 것을 먹어야 행복을 느끼고 스트레스가 풀린다.

셋째, 맛있는 음식을 먹을 때 느낄 수 있는 행복이 가성비가 좋기 때문이다. 음식의 가격은 천차만별이지만, 물가가 자꾸 올라 지불해야 하는 돈이 부담스럽기도 하지만, 맛집에서 맛있는 음식을 먹을 때와 같은 금액을 지불하고서 그 정도의 만족감을 느낄 수 있는 방법은 사실 많지 않다. 기가 막히게 맛있는 선지해장국을 먹을 때의 즐거움을 다른 곳에서 만 원으로 어떻게 얻을 것이며, 입속에서 살살 녹는 냉동 삼겹살 3인분에 청국장 한 그릇을 둘이 나눠 먹으며 소주 한 병까지 곁들일 때의 행복감을 다른 곳에서 5만 원으로 어떻게 얻을 것이며, 마블링 끝내주는 꽃등심이 비장탄 숯불 위에서 곱디고운 갈색으로 익어가는 동안의 기다림을 거쳐 마침내 육향과 육즙이 입안 가득 퍼지는 순간의 쾌감을 다른 곳에서 6만 8천 원으로 어떻게 얻는단 말인가.

넷째, 이름난 맛집을 방문해봤다는 사실 자체가 주는 만족감이 있다. 포모증후군(FOMO Syndrome)이라는 말이 있다. 포모는 소외되는 것에 대한 두려움을 뜻하는 영문 'Fear Of Missing Out'의 머리글자를 딴 것으로, 2004년에 처음 등장한 단어다. 다른 사람 모두가 누리는 좋은 기회를 놓칠까 봐 걱정되고 불안한 마음을 의미하는데, 소셜미

디어의 발달 이후 이러한 경향이 훨씬 커졌다고 한다. 사실 우리는 이 단어가 생기기 훨씬 전부터 이런 불안을 품고 살았다. 우리가 누군가. 사촌이 땅을 사면 배가 아프고, 배고픈 건 참아도 배 아픈 건 못 참는 사람들 아닌가. 과도한 경쟁과 지나친 평등주의가 우리 사회의 놀라운 발전에 기여한 측면이 있긴 하지만, 필요 이상으로 남과 비교하며 살다 보니 피곤한 것도 사실이다. 내가 남들보다 뒤처지지 않았음을 확인하기는 쉽지 않다. 남들이 다 누리는 좋은 것을 나만 몰라서 못 누리는 게 아닌가 하는 불안을 없애기도 쉽지 않다. 그래서 유명한 맛집을 직접 경험하는 것은 그 자체로 기쁨이 된다. 드디어 나도 와봤다는 생각은 뒤처지지 않았다는 안도감을 준다. 신상 맛집이면 기쁨이 더 크다. 내가 '먼저' 와봤으니까.

다섯째, 풍부한 화제와 풍성한 추억의 산실이 된다. 맛집을 체험했다는 사실은 일종의 자랑거리기 되는데, 재수 없는 인간이라는 이미지를 주지 않으면서(혹은 덜 주면서) 할 수 있는 자랑은 맛집 경험담이 거의 유일하지 싶다. 맛집에 다녀온 이야기를 하면 사람들이 그 어떤 이야기보다 귀 기울여 듣는다. 심지어 받아 적는다.(물론 실제로 적지는 않고

네이버로 검색을 하고 카카오맵에 별 표시를 하지만.) 그리고 좋은 정보를 줘서 고맙다는 인사까지 듣는다. 그 맛집에 다녀오지 않은 사람들과의 대화만 풍부해지는 것이 아니다. 함께 다녀온 가까운 사람과 공유할 수 있는 추억도 늘어난다. 그때 그 집 참 맛있었지, 찾아가는 길도 참 예뻤지, 주차 자리 없어서 한참 헤맸지, 그때 우리가 한 시간 넘게 기다렸지, 언제 다시 한번 가야지. 아이 때는 젖을 먹고 살고, 자라서는 밥을 먹고 살고, 늙어서는 추억을 먹고 사는 게 인간이라고 하지 않나. 맛집의 효용은 음식을 먹는 그 순간에 그치지 않고 오래 지속된다.

맛집을 열심히 찾아야 하는 이유가 이렇게 많지만(이것 말고도 더 있겠지만), 위에서 나열한 다섯 가지를 그대로 뒤집으면 맛집을 굳이 열심히 찾을 필요가 없는 이유도 된다.

반론 첫째, 우리 삶이 유한한데, 그래서 우리의 모든 순간이 다 소중한데, 맛집을 찾는 데, 찾아가는 데, 그 앞에서 줄 서서 기다리는 데 너무 많은 시간을 쓰느라 더 중요한 다른 멋진 것들을 놓치면 안 된다. 우리는 일도 해야 하고 책도 읽어야 하고 드라마도 봐야 하고, 무엇보다 사랑하는 사람들과 대화도 해야 한다. 막상 가보면 별것도 아닌 식당에서

밥 한 끼 먹기 위해 너무 많은 시간과 노력을 투입할 필요는 없다는 주장에도 동의하지 않을 수 없다.

    반론 둘째, 세상 살면서 즐거운 일이 어디 맛집 탐방뿐인가. 기쁨을 느끼게 되는 행위의 종류는 사람마다 다 다르겠지만, 맛집 방문보다 더 큰 기쁨을 주는 행위가 전혀 없는 사람은 별로 없을 것이다.(혹 그런 사람이 있다면, 조금은 서글픈 일일 수도 있겠다.) 유명한 맛집에 방문해 맛있는 음식을 맛보는 경험이 정말 세상에서 최고로 즐거운 일이라면, 그 경험을 위해 다른 사람들이 흔히 누리는 수많은 즐거움을 전부 포기할 수 있을 정도라면, 맛집에 더욱 집착해도 좋을 것이다. 하지만 평생 기억에 남을 정도로 강렬한 체험을 선사하는 맛집은 많지 않고, 그러한 체험을 모든 손님에게 선사하는 맛집이란 아예 없다. 맛집에 투자하는 시간을 조금 줄여서, 자신을 가장 즐겁게 하는 행위가 무엇인지 찾는 노력을 해야 하지 않을까.

    반론 셋째, 가성비가 매우 나쁜 맛집도 아주 많다. 가성비 좋은 맛집도 물론 많지만, 대부분의 맛집은 비슷한 퀄리티의 음식을 판매하는 다른 음식점보다 비싸다. 10퍼센트만큼 더 맛있는 음식을 제공하는 대신 30퍼센트쯤 비싼 가격을 매겨놓은 식당이 많다. 20퍼센트만큼 더 맛있는 음식을 파는 음식점은 50퍼센트쯤 비싸다. 소위 파인 다이닝이라고 부르는, 한 끼에 몇십만 원씩 하는 식당들은 더 그렇다. 맛있는 건 인정하지만, 한 번의 식사를 위해 그렇게까지 비싼 돈을 주는 걸 도저히 이해할 수 없다는 사람들도 많다. 솔직히 비싸도 너무 비싼 맛집도 적지 않다.

반론 넷째, 맛집에 집착하는 것은 마치 마약에 취하는 것과 같아서, 아무리 많은 맛집을 경험해도 '남들에게 뒤처지지 않았다'는 만족감을 느끼기는 쉽지 않다. 맞다. 아무리 부지런을 떨어도 세상의 모든 맛집을 다 방문할 수는 없다. 반드시 가보겠다 굳게 결심하고 목록에 올려둔 맛집도 태반을 못 가봤는데, 신상 맛집들은 하루가 멀다 하고 생겨난다. 10억 가지면 100억 가진 사람이 부럽고, 100억 가지면 천 억 가진 사람을 보며 자괴감을 느끼고, 천 억 가지면 조 단위의 재산을 모으지 못했음을 한탄한다고 하지 않나. 남들보다 더 많은 맛집을 더 자주 가야 한다는 생각 자체를 버리는 것이 상책일 수도 있다.

반론 다섯째, 추억이 많이 생긴다는 것은 그렇다 치더라도, '좋은 화제'가 풍부해진다는 말에는 동의할 수 없다. 맛집 정보를 서로 나누는 것은 훈훈한 대화일지 모르지만, 틈만 나면 맛집 방문기를 늘어놓는 것은 좋은 대화라 할 수 없고 듣는 이에게 좋은 인상을 주지도 못한다. 같은 말을 해도 꼭 재수 없게 말하는 사람은 반드시 있고(찔립니다), 그 맛집이 터무니없이 비싼 곳이거나 비행기를 타야만 갈 수 있는 곳이라면 정보 교류가 아니라 그냥 자랑일 뿐이다(많이 찔립니다). 말은 많이 했는데 좋은 인상을 주지 못했다면, 본인은 유익한 대화였다고 생각하지만 상대방은 그렇게 생각하지 않는다면, 그건 화제가 부족해서가 아니라 상대방의 말을 제대로 듣지 않았기 때문이다. 맛집 이야기라고 모두가 경청해주는 것은 절대 아니다.

그래서 어쨌다는 것이냐, 맛집을 열심히 찾으라는 것이냐 말라는 것이냐, 이런 생각을 하실지 모르겠다. 뭐든 다 마찬가지일 텐데, 맛집 찾는 것 역시 적당히 하면 생활의 활력소가 되지만 지나치면 오히려 해롭다는, 지극히 평범한 이야기다. 딱 즐거울 만큼만, 남에게 보여주고 자랑하기 위해서가 아니라 내가 즐겁기 위해서, 더 중요한 다른 것들을 포기하면서까지는 말고 내가 감당할 수 있을 만큼의 시간과 노력과 자원을 투자하면서 잘 놀자는 말이다.

　　집착한다고 생각하지는 않지만(남들은 뭐라고 할지 모르겠다), 나는 맛집에 진심이다. 사실 내가 맛집 탐색과 탐방을 즐기는 이유는 앞에서 나열한 다섯 가지 외에도 많다. 나는 맛집에서, 심지어 맛이 없는 맛집에서도(응?), 누구도 맛집이라 여기지 않는 평범한 식당에서도, 언제나 뭔가 느끼는 게 있다. 자본주의가 더럽게 정직하다는 사실도 느끼고, 잘되는 집은 분명히 이유가 있음을 깨닫고, 이렇게 장사하면 망하겠구나 싶은 식당은 반면교사로 삼는다. 기대했던 맛집에서 실망할 때나 기대하지 않았던 식당에서 커다란 만족을 얻을 때는 예측할 수 없고 뜻대로 안 되는 것이 인생이라는 교훈도 얻는다. 대다수가 칭송하는 맛집이 내 마음에는 전혀 들지 않는 경우나 반대로 나에겐 정말로 만족스러운 음식점이 사람들에게 외면받아 문을 닫는 경우를 보면서, 사람들의 취향은 정말로 각양각색임을 새삼 느낀다. 진지하게 열심히 일하는 사람들을 보면서 감동하고, 싫은 티를 팍팍 내며 마지못해 그릇을 내려놓는 사람들을 보면서 실망한다. 정말 열심히 하는데 좋은 성과를 내지 못하는 식당을 보면 마음이 아프고, 큰 성공을 거두지는 못해도 맛있게 먹는 손님의 표정에 흐뭇해하는 분들을 보면서 안분지족의 마음을 배운다. 길거리에 식당 세 개가 있으면 그중에 반드시 나의 스승이 있다.

로씨니를 사랑합니다

조아키노 안토니오 로시니는 1792년에 출생하여 1868년에 사망한 이탈리아의 작곡가다. 〈세비야의 이발사〉라는 오페라가 그의 최대 히트작이다. 겨우 스물네 살에 쓴 이 오페라의 대성공으로 그는 큰 부자가 됐다. 이후에도 많은 작품을 남겼지만, 37세에 은퇴한 이후 39년 동안 유유자적하며 지냈다.(부럽다, 아주 많이.) 그는 미식가로도 유명하다. 은퇴하고 나서는 줄곧 프랑스 파리에서 살았는데, 어쩌면 그곳이 미식으로 유명한 도시였기 때문일 수도 있겠다.

    로시니는 본인이 직접 요리도 했다. 새로운 조리법을 개발하기도 했고, 요리책을 쓴 적도 있다. (미식가이고 요리도 하고 요리책도 썼다는 데까지는 나랑 비슷한데, 재력 부분에서 큰 차이가 있다. 아, 천재성 부분도.) 로시니는 송로버섯, 즉 트러플을 유난히 좋아했다고 알려져 있다. 그는 스스로 "평생 딱 세 번 울었다"면서, 자신의 오페라가 최초로 공연에 실패했을 때, 어린 니콜로 파가니니의 바이올린 연주를 들었을 때, 그리고 "파리의 센강에서 보트를 타다가 송로버섯을 곁들인 철면조 요리를 빠뜨렸을 때"라 말하기도 했다.

    로시니는 음악 분야는 물론 음식 분야에서도

뚜렷한 자취를 남겼다. 일단 그의 이름이 들어간 음식이 있다. 투르네도 로시니(Tournedos Rossini), 로시니 스테이크, 비프 로시니 등으로 불리는 음식은 두툼한 스테이크 위에 커다란 푸아그라를 올리고 그 위에 블랙 트러플을 잔뜩 얹은 다음 마데이라 데미그라스 소스를 뿌린 것이다. 맛도 맛이지만 엄청난 칼로리 어쩔.(두께 2센티미터로 자른 소고기 안심을 얇은 돼지비계로 감싼 뒤 주방용 실로 묶어 동그랗게 모양을 잡고 균일하게 익힌 음식에만 '투르네도'라는 이름을 붙여야 한다는 주장도 있다고 한다.) 이런 음식을 좋아한 로시니는 비만을 피하지 못했다. 또한 샐러드, 칠면조 요리, 달걀 요리 등에도 로시니의 이름이 붙은 게 있다.

그는 "위장은 열정이라는 오케스트라의 지휘자"라거나 "먹고, 사랑하고, 노래하고, 소화하는 네 가지야말로 인생이라는 코믹오페라의 4막과 같다"라는 말도 남겼다. 먹고, 사랑하고, 노래하는 세 가지가 가장 중요하다 말하지 않고, 소화하기까지 포함시킨 것이 눈에 띈다. 사랑하고 노래하는 것은 체력과 의지만 있으면 쉬지 않고 계속할 수 있지만, 먹는 것은 소화의 과정이 없으면 무한정 지속할 수가 없지 않나. 더 많이 먹기 위해서 꼭 필요한 것이

왕성한 소화력이라는 깊은 뜻이 담겨 있는 말이지 싶다.(4막으로 이뤄진 오페라가 많아서 네 가지를 맞춘 것일지도 모르지만, 다른 허다한 즐거움을 모두 빼고 인생의 4막 중 절반을 먹기와 소화하기에 할애한 걸 보면, 먹는 걸 어지간히 좋아하긴 한 모양이다.)

로시니가 만든 음악에도 음식 이름은 자주 등장한다. '탄크레디(Tancredi)'라는 오페라에 나오는 〈이렇게 설레는 가슴이(Di Tanti Palpiti)〉에는 '쌀을 위한 아리아'라는 별명이 붙어 있는데, 로시니가 어느 레스토랑에 앉아 주문한 리소토가 나오기를 기다리면서 작곡했기 때문이다. 오페라 〈신데렐라〉 중 〈두 딸 중 누가 되든(Sia Qualunque Delle Figlie)〉이라는 곡에는 철갑상어, 케이크, 빵, 바닐라 등 여러 가지 식재료가 등장한다. 로시니는 음식에 바치는 두 개의 피아노곡도 썼는데, '네 가지 애피타이저'라는 곡은 무, 앤초비, 오이피클, 버터를 위해 작곡했고, '네 명의 거지들'이라는 곡은 말린 무화과, 아몬드, 건포도, 견과류를 위해 작곡했다.

작곡가였으니 이 정도지, 아마 작가였더라면 음식에 관한 글을 어마어마하게 썼을 듯하다. '세계음식문화대백과사전' 같은 걸 썼든지, '아몬드' '감자' '분노의 포도' '찰리와 초콜릿 공장' '건지 감자

껍질파이 북클럽' '프라이드 그린 토마토' '영혼을 위한 닭고기 수프' '달콤 쌉싸름한 초콜릿' '먹고 기도하고 사랑하라' 뭐 이런 제목의 책들을 썼겠지. 어쩌면 '노르웨이의 술' '셰프 지바고' '피자를 기다리며' 같은 책일지도 모르고.

로시니는 미식가로도 유명하지만 대식가로도 명성이 자자하다. 어느 집에서 식사 대접을 받은 다음 주인이 "괜찮으시다면 다음에 이런 자리를 다시 마련하겠습니다"라고 인사를 하자 "괜찮으시다면 지금 당장이라도"라고 대꾸했다는 일화도 있다.(2024년 12월 3일 밤에 온 국민을 멘붕에 빠뜨린 어떤 사람도 미식가이자 대식가로 알려져 있다. 그와 로시니는 얼굴이나 몸집이 좀 닮았다. 아마도 무덤 속의 로시니가 좋아하지 않겠지만.)

이탈리아의 페사로라는 도시에서는 로시니 서거 150년을 기념해 '로시니피자페스티벌'을 2018년부터 개최하기 시작했다. 마르게리타피자 위에 완숙으로 삶은 달걀을 얇게 썰어 올리고 마요네즈를 흩뿌린 피자의 이름이 로시니 피자이고, 이것은 이 도시의 상징과도 같다고 한다.(이탈리아 사람들은 파인애플 토핑을 올린 하와이안피자와 더불어 매우 기괴하고 이단적인 피자라고 생각한다지만, 이 도시의 사람들은 좋아하는 모양이다.) 이 피자를 로시니가 좋아했느냐 하면 그렇지도 않다. 이 피자의 레시피가 개발된 것은 로시니가 세상을 떠나고 몇 년 후라서, 그는 이런 피자를 먹어본 적도 없다. 아마 상상조차 해보지 않았을 것이고, 여느 이탈리아 사람들처럼 이 피자를 극혐했을 가능성도 크다. 그럼 도대체 이 피자의 이름은 왜 로시니가 되었을까. 로시니의 이름을 팔아서 도시를 조금이라도 널리 알리고 싶었기 때문. 로시니가 태어난 곳이 바로 페사로니까.(청주시가 나서서 올갱이국의 이름을 이효리국으로 명명한다거나, 통영시가 나서서 충무김밥 대신 박경리김밥으로 불러달라고 하는 것과 비슷하달까.)

나는 로씨니를 사랑한다. 작곡가 로시니 말고 서울 북촌에 있는 이탈리안 레스토랑 '로씨니'를 사랑한다.(로씨니라는 이름을 가진 이탈리안 레스토랑은 참 많다. 미식가로 유명한 사람이기 때문일 것이다.) 로씨니가 한국 최고의 이탈리안 레스토랑이냐, 그렇지 않다. 로씨니에서 먹을 수 있는 파스타가 이탈리아 현지 맛집보다 맛있냐, 그렇지 않다. 로씨니의 인테리어나 플레이팅이 터무니없을 정도로 근사해서 인스타그래머블하냐, 그렇지 않다. 다른 이탈리안 레스토랑에서는 찾을 수 없는 아주 특별한 음식을 로씨니에서 판매하느냐, 그렇지 않다. 그럼에도 불구하고 나는 로씨니를 사랑한다. 왜?

로씨니는 1997년에 동부이촌동에서 처음 문을 열었다. 나는 1998년에 처음 갔다. 그 무렵에 내가 일하던 곳이 그 근처였기 때문이다. 첫 방문의 기억이 강렬하지는 않았다. 하지만 제법 괜찮은 음식을 적당한 가격에 판매했고, 동네 식당 특유의 편안함이 있었다. 그 이후에도 몇 번을 방문했는데, 언젠가부터 일하는 분들이 나를 맞이하는 태도가 조금씩 달라졌다. 구체적으로 말을 하지는 않았지만, '전에도 왔던 손님'임을 알아보고 반가워하는 눈빛이었다.

로씨니의 가장 큰 장점은 손님을 편안하게 해준다는 것이다. 빨리 주문하라고 재촉하지도, 많이 시키라고 부담을 주지도 않는다. 그냥 기다려준다. 질문을 하면 충분한 설명을 해준 다음 또 기다려준다. 서빙하는 분들이 손님을 늘 지켜보고 있기 때문에, 간단한 눈 맞춤으로 내가 뭔가를 필요로 한다는 사실을 금세 알아차린다. 아무리 홀이 바쁠 때라도, 손을 들거나 목소리를 내거나 벨을 누르지 않고서도 잠시만 기다리면 눈을 맞출 수 있다. 무릎을 꿇고 주문을 받거나 연미복을 입고 서빙을 하지는 않지만 매우 정중하다. 보는 사람이 불편할 정도의 경직된 태도와 굳은 얼굴로 각도 맞춰 접시를 내려놓는 알바생의 태도도 아니고, '갑'이라 불리는 손님을 위해 자존심 내려놓고 굽실거리는 '을'의 태도도 아니다. 그저 우리 집에 찾아온 오랜 친구가 편한 마음으로 한 끼 먹기를 바라는 집주인의 태도가 느껴진다. 음식도 평균 이상이고, 와인의 다양성과 가성비도 훌륭하지만, 가장 매력적인 것이 바로 서비스의 '자연스러움'이다.

자주 가다 보니 옆 테이블의 손님을 대하는 모습도 당연히 많이 보았다. 한번은 아이를 동반한 대가족이 방문한 적이 있는데, 그때 처음 알았다. 다양한 크기와 높이의 어린이용 의자들이, 그리고 예쁜 만화 캐릭터가 그려진 어린이용 포크와 숟가락이 준비되어 있었다는 사실을 말이다. 또한 그것들은 손님들이 요구하기 전에 모습을 드러냈다. 그날 아이는 포크와 숟가락을 두 번인가 바닥에 떨어뜨렸는데, 그때마다 새로운 도구들이 스르르 나타나곤 했다. 따뜻한 미소와 함께.

내가 결혼하기 몇 주 전의 어느 날에도 로씨니를 방문했었다. 제법 낯이 익은 주인장과 이런저런 이야기를 나누다가 우리 두 사람이 곧 부부가 된다는 사실을 말했다. 그가 날짜를 물어봤다. 청첩장을 줄 정도로 가까운 사이는 아니라 정식으로 초대할 생각은 없었지만, 질문을 받았으니 대답을 했다. 그러자 그가 정말로 아쉬워하는 표정으로 이렇게 말했다. "아, 바로 그날 제 딸의 돌잔치가 있어요. 참석은 못 하겠지만, 진심으로 축하드려요." 나의 착각이었는지 모르지만, 돌잔치와 겹치지만 않았으면 그는 진짜로 내 결혼식에 왔을지도 모르겠다. 식사를 마친 후 식당을 나서는데, 주인장이 내게 와인 한 병을 내밀었다. 결혼 선물이라면서. 나중에 포장을 풀어보니 와인병에 결혼식 날짜와 함께 축하의 메시지가 수정펜으로 적혀 있었다. 지금은 없어졌지만, 그 와인을 다 마신 후에도 한동안 빈 병을 간직했다. 그 집 딸은 이제 스무 살을 훌쩍 넘겼겠구나.(나는 그로부터 몇 년 후에는 이촌동으로 이사했다. 로써니 때문에 이촌동으로 이사를 했다고 말할 수는 없지만, 그곳에서 살기로 결정하는 데 로써니의 존재가 아주 약간은 영향을 끼쳤던 것이 사실이다.)

　　로써니가 이렇게 '편안한' 식당이다 보니, 나 말고도 단골손님이 많았다. 그중에는 꽤 큰 회사의 대표도 있었는데, 로써니가 지난 2004년에 동부이촌동에서 북촌으로 옮기게 된 것은 그분 덕분이었다. 당시 로씨니 사람들은 건물주의 과도한 임대료 인상 요구로 인해 큰 고민에 빠져 있었고, 도저히 그곳에서는 영업을 계속할 수 없다 판단해 이전할 장소를 물색 중이었다. 하지만 계약 기간이 끝날 무렵까지도 새로운 장소를 찾지 못했고, 로씨니는 문을 닫을 위기에 처했다. 나를 비롯한 여러 단골들은 그 소식을 접하고 무척이나 아쉬웠지만 안타까워하는 것 말고는 할 수 있는 일이 없었다. 하지만 큰 회사 대표님은 할 수 있는 일이 있었다. 마침 (회사에서) 안국역 근처에 새로운 건물을 하나 매입했는데, 아직 1층이 비어 있으니 그리로 식당을 옮기는 것이 어떻겠냐고 제안한 것이다. 임대료도 '착하게' 책정한 것으로 안다. 늘 건물주를 부러워하며 살았지만, 그때만큼 건물주가 부러웠던 적은 없다.

    북촌으로 이전한 후에는 전처럼 자주 가지는 못했다. 하지만 1년에 몇 번씩은 꾸준히 간다. 마치 고향집을 방문한 듯, 갈 때마다 마음이 푸근해지기 때문이다. 식사를 겸한 회의 장소를 정해야 할 때는 로씨니를 최우선적으로 고려한다. 내가 갔을 때 손님이 바글바글하면 괜히 기분이 좋고, 손님 없이 썰렁하면 내가 투자자라도 되는 듯 가슴이 철렁한다. 20년 넘게 다닌, 그래서 숱한 추억이 쌓인 식당이 없어지면 꽤나 큰 상실감을 느낄 것 같아서다. 당연히 나는 로씨니를 나의 지인들에게 수도 없이 소개했다. 나의 소개로 한번 방문한 이후 단골이 된 사람이 최소 열일곱 명은 될 것이다.(그래도 사장님은 나에게 환한 미소를 보내줄 뿐, 공짜 음식은 주지 않는다. 새로 들어온 와인을 맛보라고 글라스에 따라준 적은 두어 번 있다. 사실은 음식값을 깎아주려 한 적이 몇 번 있었지만, 내가 거절했다. 내 돈 몇 푼 아끼는 것보다 중요한 것이 로씨니가 계속 유지되는 것이니까.)

로씨니에 얽힌 추억 중 가장 인상적인 일은 나의 소개로 이곳을 방문했던 지인과 관련이 있다. 그는 로씨니에 부모님을 모시고 가서 식사를 한 적이 있는데, 그날 아버님이 '어니언수프'를 유난히 맛있게 드셨던 모양이다.(로씨니의 음식은 전반적으로 다 맛있지만, 수프가 특히 맛있다. 어니언수프, 소고기콘소메, 해산물수프 모두 좋다.) 어느 날 오후, 지인에게서 연락이 왔다. 아버님이 암으로 병원에 입원 중이라고, 상태가 위중하여 식사를 거의 못하신다고, 그런데 갑자기 로씨니의 어니언수프를 먹고 싶어 하신다고 말이다. 당장 오늘 저녁에 그 음식을 드시게 하고 싶은데, 포장이 가능한지 모르겠고 브레이크 타임이 끝날 때까지 기다리자니 저녁 식사가 너무 늦어질 것 같아 걱정이라고. 그때가 오후 3시경이었다.

단골 좋다는 게 뭔가. 내가 전화를 걸었다. 사정을 말하고, 쉬시는 중에 정말 죄송하지만 환자를 위해 수프 한 그릇만 포장해주실 수 없겠냐고 청했다. 기꺼이 만들어주겠다고 했다. 나는 지인에게 몇 시까지 가서 수프를 픽업하라고 전했다. 편찮으신 어른이 수프 한 그릇 드시고 기운을 차리시길 바랐다.

그런데 약 한 시간 후, 지인에게서 전화가 왔다. 뭔가 잘못됐다고. 수프를 받아 병원으로 가는 중인데, 어니언수프가 아니라 다른 냄새가 나서 열어보니 크림수프가 담겨 있다고. 헐. 염치 불고하고 다시 로씨니에 연락을 했다. 사장님이 당황하며 말했다. "어…, 오늘의 수프 말씀하지 않으셨어요?" 그랬다. 그분은 아까 내 전화를 잠결에 받은 것이었다. 브레이크 타임에 잠시 눈을 붙이던 중 받은 전화 너머에서 들려온 '어니언수프'를 '오늘의 수프'로 잘못 알아들으신 게다.

결국 나의 지인은 차를 돌렸고, 로씨니 주방에서는 어니언수프가 다시 만들어지기 시작했다. 어니언수프값을 받니 안 받니 승강이가 벌어진 끝에 나의 지인은 기어코 값을 치렀고, 그날 저녁 지인의 아버님은 수프 두 그릇을 깨끗이 비웠다.

나중에 들은 이야기지만, 처음에 수프를 만들면서 계속 이상하다고 생각했단다. '오늘의 수프는 매일 달라지는데, 그 어르신이 그때 드셨던 오늘의 수프와 오늘 준비된 오늘의 수프가 똑같을 확률은 별로 없는데…, 이게 그분 입맛에 맞으려나 모르겠네….'(그날의 수프는 아스파라거스크림수프인가 양송이크림수프인가 그랬다.)

로씨니의 어니언수프는 누군가에게는 생전에 마지막으로 '매우 맛있게' 먹은 음식이 되었다. 모르긴 해도, 로씨니 사람들은 내가 아닌 낯선 손님이 똑같은 부탁을 했어도 들어줬을 거다.

로씨니는 박장연, 김맹준 그리고 이안열 셰프, 이렇게 세 분이 차린 가게다.(셰프와는 별로 대화할 일이 없어서 얼굴은 알아도 이름을 몰랐는데 이번에 확인했다.) 셋이 동업을 오래 하면 싸우고 헤어지기 십상이지만, 이분들은 아직도 사이가 좋다. 하지만 셋 중 선임이었던 박장연 님은 오래전에 선교를 위해 베트남으로 떠나서, 지금은 두 분이 주축이다.(수익의 일부를 오랫동안 정기적으로 베트남에 보냈다고 알고 있다.) 하지만 로씨니가 이렇게 '사람 냄새 나는' 레스토랑이 된 데에는 박장연 전 대표의 역할이 가장 크다고 생각한다. 셰프는 당연히 요리 전문가이고, 김맹준 현 대표는 와인 전문가인데, 박 전 대표는 1988년 시드니 기능올림픽에서 'F&B 서비스 부문' 우수상을 수상한, '서빙' 전문가이기 때문이다. 나는 이 사실을 로씨니를 한참 다닌 후에 알게 됐는데, 그때 머릿속에 세 글자가 떠올랐던 기억이 난다. '어쩐지.'

새로운 맛집을 찾아가고 처음 먹어보는 음식을 먹는 일은 물론 기쁘다. 하지만 잘 아는 식당에 가서 잘 아는 맛의 음식을 먹는 일도 신난다. 그 식당을 사랑하기까지 한다면 더욱 즐겁다. 심지어 그곳에서 일하는 사람들과 서로 반갑게 인사를 나눌 수 있다면 고양된 행복감을 느낄 수 있다. 당신에게도 이런 음식점이 하나쯤 있으면 좋겠다.

당신이 이 책을 읽고 로씨니를 방문하게 된다면, 꼭 말씀하시라. 이 책 때문에 왔다고. 그런다고 해서 당신에게 특별히 좋은 일이 생기지는 않겠지만, 나중에 사장님이 나에게 어니언수프라도 한 그릇 그냥 줄지 모르니까.

+

참, 박장연 대표는 오랜 선교 활동 이후 귀국

하여 서울 서초동과 경기도 일산에 같은 이름의 레스토랑을 열었다. 체인점은 아니지만 세 곳의 로씨니는 지금도 다양한 방법으로 긴밀하게 협력하고 있다.

++

참참, 나보다 훨씬 로씨니를 사랑하여 지금도 자주 방문하는 '그분'은 삼양그룹 김윤 회장이다. 그분은 당연히 모르시겠지만, 나는 몇 차례 '옆 테이블에서' 식사한 적이 있다. 하마터면 로씨니를 지켜주셔서 고맙다고 인사할 뻔했다.

+++

참참참, 북촌의 로씨니는 헌법재판소 정문 바로 건너편에 있다. 작곡가 로시니와 닮았다고 앞에서 언급한 그가 크게 사고를 친 이후 몇 달 동안 시위대가 일대를 점령하는 바람에, 로씨니는 그야말로 막대한 타격을 입었다. 앞으론 더 자주 가야겠다.

웨이터는 왜 웨이터라고 하나

일장기를 가슴에 달고 뛰었던 손기정 선수를 제외하면, 대한민국 선수가 올림픽에서 처음으로 금메달을 획득한 것은 1976년 몬트리올올림픽이다. 내가 초등학교 76학번이라 아주 생생하게 기억하는데, 그때는 정말 온 나라가 축제 분위기였다. 양정모 선수의 카퍼레이드는 텔레비전으로 생중계되었고, 거리 곳곳에는 올림픽 금메달 획득을 축하하는 현수막이 걸렸다. 1960년대까지의 지긋지긋한 가난에서는 어느 정도 벗어난 시점이었지만, 한국이 여전히 가난한 나라였을 때다. 1976년의 1인당 GDP는 825달러에 불과했고, 처음으로 1천 달러를 넘긴 해가 1977년이었으니까. 올림픽에서의 첫 금메달 획득은 당시 대한민국 국민에게 우리나라가 드디어 '나라다운 나라'가 되어가는 신호로 받아들여졌던 것일지도 모른다.

그다음 해인 1977년에도 성대한 카퍼레이드가 벌어졌다. 네덜란드에서 열린 제23회 국제기능올림픽에서 우리나라가 최초로 우승을 했기 때문이다. 금메달 하나 딴 것이 아니라 종합우승이라니, 놀라웠고 뿌듯했다. 가진 것이라곤 사람밖에 없는 작은 나라이기에, 우리는 모두 기술을 배워야 한다! 기술로 나라에 보답한다는 의미의 '기술보국'이라는 말이 쓰이기 시작했다.(나중에는 제철보국, 수송보국 등의 말도 나왔다. 전기장판 등을 생산하는 보국전자는 그 전에 생겼다.) 나라가 뭘 특별히 해준 것도 없는데, 우리 국민은 왜 툭하면 나라에 뭘 갚겠다고 했을까. 애국심이 워낙 높은 민족이기 때문일까, 아니면 지배계급이 국민을 그렇게 세뇌한 걸까? 나도 비슷했다. 나는 내가 "민족중흥의 역사적 사명을 띠고 이 땅에 태어"난 줄 알았다. 국민교육헌장을 암기하며 자란 세대니까.

국제기능올림픽은 1950년부터 (주로) 격년으로 열리는 국제대회다. 만 17세에서 22세까지의 젊은 기능인들이 다양한 종목에서 직업적 기술을 겨룬다. 나는 어릴 때 세상에는 두 종류의 올림픽이 있는 줄 알았다. 체육 분야의 올림픽(물론 하계올림픽이었다. 그때는 올림픽이 겨울에도 열린다는 사실조차 몰랐다)과 기능올림픽. 1977년의 첫 우승 이후에도 우리나라는 기능올림픽 우승을 밥 먹듯 했다.(지금까지 열아홉 번이나 종합우승을 차지했다.) 나중에는 기능올림픽 우승 소식이 들려도 양궁 여자 국가대표팀이 우승했다는 소식을 들을 때처럼 '당연한 일'로 여겨질 정도였다.

나중에야 알았다. 올림픽은 동계올림픽과 하

계올림픽이 있을 뿐, 그리고 올림픽 직후에 열리는 스페셜 올림픽이 있을 뿐, 그밖에 '올림픽'이라는 이름이 붙은 대회는 없다는 것을.(장애인 올림픽의 정식 이름은 패럴림픽이다.) '올림피아드'라는 용어가 과학, 수학 등 몇몇 분야의 대회에 쓰이기는 하지만, 국제올림픽위원회(IOC)는 올림픽이라는 단어를 적어도 뭔가를 겨루는 대회의 이름으로는 절대 못 쓰게 한다는 것을.(올림픽대로, 올림픽공원, 올림픽파크텔, 올림픽댄스학원, 올림픽웅변학원 등 대회 이름이 아닌 곳에는 많이 쓰인다. '돈계올림픽'이라는 식당 이름을 보고 피식 웃은 적도 있다.)

이럴 수가. 그럼 우리가 여러 번 우승했던 그 기능올림픽은 뭐지? 그 대회의 이름은 '월드스킬스(WorldSkills)'다. 스페인 마드리드에 본부를 둔 '월드스킬스 인터내셔널'이라는 단체가 주최하며, 월드스킬스 다음에 개최 도시와 개최 연도를 표기하면 특정 대회의 이름이 된다. WorldSkills Seoul 2001, 이런 식이다. 다음 대회는 WorldSkills Shanghai 2026.

국제기능올림픽의 공식 명칭에 '올림픽'이라는 단어가 없다는 건 중요하지 않다. 올림픽이 체육 분야에서 각고의 노력으로 어느 정도 경지에 오른 사람들의 잔치이듯, 기능올림픽은 '기술' 분야에서 실력을 갈고닦아 최고 수준에 오른 사람들의 잔치다.(물론 경쟁이긴 하지만, 출전 자체가 영광임에 틀림없다. '국가대표'가 된다는 게 얼마나 힘든 일인지, 그 어느 분야에서도 국가대표가 되어보지 못한 우리 역시 짐작은 할 수 있다.) 기능올림픽에 한국 대표로 출전한 분들이야말로 우리 사회 곳곳에서 묵묵히 일하며 이 나라를 지금의 수준까지 끌어올린 주역들일 것이다.

국제기능올림픽에는 50개 안팎의 종목이 있다. 전구 갈기나 못질도 겨우 해내는 나로서는 종목 이름을 봐도 뭘 겨루는 것인지 알 수 없는 것이 태반이지만, 그중에는 '레스토랑 서비스'라는 종목이 있다. 인터넷을 뒤져보니 냅킨 접기, 테이블 세팅, 와인 따르기, 과일 카빙, 여러 가지 상황에 대한 대처 능력, 자세와 태도, 영어 회화, 음식이나 음료에 대한 지식, 의사소통 능력, 칵테일이나 커피 제조 등 엄청나게 다양한 항목을 평가하는 것으로 되어 있다.(이 정도면 올림픽이라는 이름을 붙여도 될 것 같다.)

과거에는 이 종목의 이름이 '웨이팅(waiting)'이었다. 나는 기능올림픽에 이 종목이 존재한다는 사실을 20여 년 전에 알게 됐다. 이탈리안 레스토랑 '로씨니'의 한쪽 벽에 박장연 전 대표가 기능올림픽에서 받은 상장이 액자에 담겨 걸려 있었기 때문이다.(문자 중독에 가까운 나는 글자만 보이면 본능적으로 읽게 되는데, 그 상장에 적혀 있었다.)

웨이팅. 기다린다는 뜻이다. 웨이터. 기다리는 사람이라는 뜻이다. 영어 단어 wait에 혹시 '레스토랑 등에서 손님을 위해 여러 가지 서비스를 제공하다'와 같은 뜻이 있을까? 아무리 영어사전을 찾아봐도 그런 뜻은 없다. 그냥 기다린다는 의미다. 그럼 웨이터를 웨이터라고 부르는 이유는 뭘까. 웨이터라는 직업의 본질이 기다리는 일이기 때문이라고 나는 해석한다. 무엇을 기다리는가. 손님이 주문하기를? 손님이 주문한 음식이 나오기를? 손님이 음식을 다 먹기를? 손님이 혹시 줄지 모르는 두둑한 팁을?

웨이터가 기다리는 것은 '손님이 나를 필요로 하는 순간'이다. 그 필요가 대체로 예측 가능한 범위 내에 있긴 하겠지만, 무엇을 필요로 할지를 정확히 아는 것은 쉽지 않다. 인간관계에서 흔히 그렇듯, 레스토랑의 손님도 자신들이 원하는 바를 100퍼센트 솔직하게 말하지 않는 경우가 많기 때문이다. 또한 무엇을 필요로 할 것인지보다 더 중요한 것은 '언제' 자신을 필요로 할 것인지다. 우리가 가까운 사람에게 고민을 털어놓으며 바라는 것이 문제의 해결이 아니라 공감인 것처럼, 손님은 웨이터가 모든 문제를 다 해결해주기를 바라는 것이 아니라 자신에게 볼일이 생겼을 때 최대한 빨리 그 문제를 알아차려주기를(공감해주기를) 바라는 것이다.

그런 의미에서 웨이터에게 가장 중요한 덕목은 담당하는 손님들에게 지속적으로 관심을 기울이는 일이다. 손님을 자주 쳐다봐주는 일, 손님이 나를 바라보는 시선을 눈으로 보지 않고도 알아차릴 수 있도록 뒤통수의 감각을 훈련하는 일이다. 웨이터라는 직업의 본질은 테이블을 세팅하는 것도 아니고 메뉴를 설명하는 것도 아니고 주문을 잘 받아서 주방에 전달하는 것도 아니고 만들어진 음식을 테이블로 옮기는 것도 아니고 와인을 따르는 것도 아니다. 손님이 나를 필요로 하는 순간을 기다리는 것, 그리고 그 순간이 왔을 때 손님의 원하는 바를 들어주기 위해 노력하는 것이 웨이터의 일이다.

그런 면에서 우리나라의 레스토랑 문화는 아쉬운 점이 많다. 일단 웨이터라는 단어 자체의 어감이 나쁘다. 이유는 모르겠지만 나이트클럽에서나 쓰는 말이 되어버렸고, 음식점에서 그 일을 하는 분들을 지칭할 만한 적당한 단어가 아예 없다. 서버라고 하는 것도 좀 그렇고(우리말도 아니고), 종업원은 다른 곳에서도 널리 쓰이는 말이라 정확하지 않고, 이모나 삼촌이나 학생이나 아줌마나 아저씨도 원래 그 뜻이 아니고, 아가씨나 총각이라는 말은 더 부적절하고, '여기요'는 그분들을 부를 때는 유용한 표현일지 모르지만 그분들을 지칭하는 용어는 아니다.

용어야 뭐 그렇다 치고, 진짜 아쉬운 것은 그분들이 손님을 거의 쳐다보지 않는다는 사실이다. 그분들이 나쁜 사람이어서가 아니라 그게 한국의 식당 문화이기 때문이다. 아마도 우리가 오랫동안 매우 가난했던 것과 연관이 있을 텐데, 과거 우리가 음식점에 바라는 것은 '비교적 싼 값에' '그럭저럭 먹을 만한 음식을' '매우 짧은 시간 안에' 제공하는 것이었다. 서로가 바빴고, 모두가 여유 없었다. 효율성이 가장 중요했고, 배를 채우는 것이 가장 시급했다. 서구의 고급 식당에서 손님이 주문을 마칠 때까지 걸리는 시간이면, 우리는 다 먹고 식당 문을 나설 수 있었다. 앉으면서 주문하고, 주문받으면서 물통 놓고, 수저를 알아서 세팅하는 동안 밑반찬 몇 개 나오고, 밑반찬이 애피타이저라도 되는 양 맛보고 있으면 메인 음식 나오고, 먹는 데는 10분도 안 걸리고, 다 먹으면 곧바로 일어나 돈 내고 나가는 데 익숙했다. 그러다가 뭔가 필요한 순간이 오면 큰 소리로 사람을 불렀고, 불러도 오지 않으면 더 큰 소리로 불렀고, 서로 답답하고 목도 아프니까 테이블마다 호출 벨을 달았다. '물은 셀프'가 생겼고, 깨지는 그릇들은 점차 멜라민 그릇으로 대체되어 '던지듯' 취급해도 괜찮게 됐다. 특별한 서비스를 받은 바도 없고 의미 있는 대화나 미소가 오간 적도 없으니 팁 문화는 생겨나지 않았다.

한번 생긴 문화는 쉽사리 바뀌지 않는다. 과거에 비하면 주머니는 훨씬 더 두둑해졌고 마음은 훨씬 덜 각박해졌지만, 한국의 식당에서 가장 중요한 것은 여전히 효율성이다. 일하는 사람들은 느릿느릿 걸어 다닐 여유가 없고, 손님들은 그 바쁜 분들이 나를 쳐다봐줄 때까지 차분히 기다릴 여유가 없다. 우리에겐 시간이 돈이기 때문이다.

과거에는 어쩔 수 없이 그랬다고 치자. 지금도 우리가 효율성을 중시하기로 무언의 합의를 이룬 상태라고 치자. 가격이 비교적 저렴한 대중식당에서는 그 방식이 어울린다고 치자. 하지만 꽤 격식을 차리는, 가격이 제법 비싼 곳에서도 웨이터들이 단순히 주문을 받고 음식을 나르는 역할만 하는 것은 아쉽다. 주문 받기는 테이블마다 놓인 태블릿이 대신할 수 있고, 음식 운반은 로봇이 대신할 수 있다. 하지만 가끔 손님들을 쳐다보며 혹시 뭔가 필요하지 않을지, 혹시 뭔가 불편한 점은 없을지 확인하는 웨이터의 본질적인 역할은 기계가 대신할 수 없는 건데.

지금 우리는 단순히 배를 채우기 위한 목적만을 갖고 음식점에 가는 경우가 많지 않다. 선택지는 너무나 많고, 지불할 수 있는 액수도 훨씬 커졌고, 음식점에 대해 원하는 것도 다양해졌다. 음식이 맛있는 것은 기본이고, 서비스도 좋았으면 좋겠고, 인테리어도 세련되었으면 좋겠고, 화장실도 깨끗했으면 좋겠고, 냅킨의 품질도 좋았으면 좋겠고, 서빙하는 분들이 친절했으면 좋겠고, 반찬 그릇들은 탁 소리를 내지 않은 채 사뿐히 놓였으면 좋겠다. 거기에 더해 가격까지 저렴하면 더욱 좋겠다.(이런 식당에 웨이팅이 걸리지 않으면 그게 오히려 이상한 일인데, 내가 갈 때는 최소한 한 테이블은 비어 있기를 바란다.)

하지만 나는 한 가지를 더 원한다. 소위 파인다이닝을 표방하는 음식점들, 한 끼에 5만 원이 넘는 비용을 지불해야 하는 음식점들, 한번 들어가면 두 시간은 앉아 있게 되는 음식점들, 테이블에 호출 벨 없는 음식점들, '여기요'라고 크게 외치기엔 너무 조용한 음식점들, 그리고 단순한 맛집이 아니라 '훌륭한 맛집'을 지향하는 음식점들에서만은, 웨이터들이 손님을 지금보다 조금은 더 자주 쳐다봐주기를 바란다. 그분들이 나를 쳐다봐준다고 해서 내가 꽃이 되는 것은 아니지만, 그분들과 눈을 맞추는 횟수가 한 번 두 번 늘어날수록 나는 '옳은 길을 가고 있다'는 느낌이랄까, '안전한 곳에서 보호받고 있다'는 느낌을 받아서 더욱 편안하게 식사를 즐길 수 있다.

물론 이런 문제는 당연히 돈과 연관이 있다. 마음에서 우러나서 그렇게 하든 교육을 받아서 그렇게 하든, 그런 방식으로 일을 하려면 업무의 강도가 적정선을 넘지 말아야 하고 노동에 따른 보상은 적정선을 넘어야 하기 때문이다. 기능올림픽의 레스토랑 서비스 부문에서 가장 중요한 평가 항목은 냅킨을 아름답게 접거나 와인을 매끄럽게 따르는 것이 아니라 결국 '자세와 태도'가 아닐까. 나는 웨이터의 '웨이팅' 수준이 높다면, 다른 모든 것이 똑같더라도 조금은 더 많은 돈을 지불할 용의가 있다.(그 돈이 사장님이 아니라 웨이터에게 돌아간다는 전제하에서.) 나와 비슷한 생각을 가진 사람들이 꽤 많지 않을까? 그런 사람들이 점점 더 많아지기를, 그런 사람들의 마음을 읽을 줄 아는 음식점 사장님들이 점점 더 많아지기를 기대한다.

하얏트 vs. 신라

내가 이 글을 쓰고 있는 2024년 12월 현재, '아무튼' 시리즈는 일흔두 권까지 출간되었다. 거기에 더해 조만간 나올 예정인 책이 여덟 권 더 있다. 이 시리즈는 참 특이하다. 꽤 유명한 기성 작가부터 첫 책을 내는 신인 작가까지 다양한 저자들이 각기 다른 개성을 드러낸다는 점도 그렇고, 세 개의 작은 출판사가 협력하여 같은 스타일의 책을 꾸준히 펴내고 있다는 점도 그렇다. 물론 가장 중요한 특징은, 책의 앞날개에 적힌 대로 '나에게 기쁨이자 즐거움이 되는, 생각만 해도 좋은 한 가지를 담은 에세이 시리즈'라는 정체성에 있지만.

나는 그중 열 권쯤 읽어보았다. 어떤 책은 놀랍도록 기발하고 믿을 수 없을 만큼 재미있어서 여러 번 감탄하며 읽었고(그런 책을 읽을 때는 '나는 아무튼 시리즈의 필자가 되기는 어렵겠구나' 생각했다), 어떤 책은 놀랍도록 진부하고 참을 수 없을 만큼 지루해서 끝까지 읽지 않고 던져버리기도 했다(그런 책을 읽다가, '나도 충분히 아무튼 시리즈의 필자가 될 수 있겠구나' 싶어서 이 책을 쓰기로 했다).

세 출판사 관계자와 저자분 들께는 대단히 죄송하지만, 이 시리즈에서 가장 재미있는 일은 출간된 도서의 목록을 훑어보는 일 그 자체다. 일단, 이

걸 주제로 책을 썼다면, 이 책의 저자는 아마도 이런 사람이겠구나, 이 책의 내용은 대략 저런 이야기를 담고 있겠구나, 짐작되는 키워드가 많이 있다. 물론 그 짐작이 언제나 맞는 것은 아니겠지만. 반대로 도대체 이 주제로 어떻게 이야기를 풀어놓았을지 전혀 가늠이 안 되는 키워드도 많이 있다.

키워드의 폭은 대단히 넓어서, 비교적 흔한 취미로 분류되는 것들(피트니스, 달리기, 뜨개 등)도 있고, 특정한 장소(망원동, 방콕, 뉴욕 등)도 있으며, 먹을 것(술, 떡볶이, 영양제 등)도 있고, 특정한 사물(스웨터, 양말, 문구, 연필 등)도 있다. 아마추어가 썼을지 프로가 썼을지 궁금한, 아무나 할 수 없는 재주(발레, 기타, 바이크, 피아노, 사진, 서핑, 드럼, 테니스 등)도 있고, 수집이나 덕질의 대상(아이돌, 보드게임, 디지몬 등)도 있다. 그 외에 '이게 책 한 권의 주제가 된다고?' 이런 생각이 절로 드는 독특한 키워드(계속, 택시, 딱따구리, 잠, 당근마켓, 집, 데모, 전화영어 등)도 아주 많다.

반대로, 책 한 권의 주제로 있을 법한 어떤 단어들은 아직 보이지 않는다. 언니는 있는데 형은 없고, 할머니는 있지만 할아버지는 없다. 장국영은 있는데 주윤발은 없고, 싸이월드는 있지만 인스타그

램은 없다. 성당은 있는데 교회는 없고, 시는 있지만 소설은 없다. 그리고 술집은 있는데 맛집이 없(었)고, 게스트하우스는 있지만 호텔이 없다.

당연히 누군가 이미 썼을 것 같은 '아무튼, 맛집'은 지금 내가 쓰고 있지만, '아무튼, 호텔'이 아직 없는 것은 의외다. 호텔이야말로 아무튼 시리즈의 키워드로 가장 적합한 것 아닐까? 낭만, 욕망, 자본주의, 계급, 허세, 출장, 여행, 휴식, 도피, 일탈, 비밀, 쾌락, 환상, 낙원 등등 수많은 단어와 밀접하게 연관된 장소. 누군가에겐 일터, 누군가에겐 추억, 누군가에겐 로망. 글감은 무궁무진할 텐데.(업무차 1년 365일 가운데 100일 이상을 호텔에 머무는 비즈니스맨이나 세계 곳곳의 다양한 호텔에서 일해본 호텔리어 중 글 좀 쓰시는 분, 어디 안 계실까요? 혹시 계시다면 제철소에 연락 바랍니다.)

맛집에 관한 이야기를 할 때도 호텔은 빠질 수 없다. 호텔에 딸린 식당 가운데 맛집이 상당히 많기 때문이다. 하지만 우리가 일반적으로 '맛집' 이야기를 할 때 호텔, 그중에서도 특급호텔(요즘은 5성급 호텔이라고 부르지만)의 식당을 거론하는 경우는 많지 않다. 왜일까.

첫째, 실제로 호텔 레스토랑의 음식 중에는 진

짜 맛있는 것이 별로 없다. 좋은 재료로 잘 만들어서 비싼 접시에 담겨 나오지만, 어디에서나 먹을 수 있는 평범한 메뉴가 대부분이라 재미가 없다. 실험적이지도 창의적이지도 않아서, 좋게 말해 무난하고 나쁘게 말해 지루하다. 여러 나라에서 온 까다로운 손님들을 모두 상대해야 하니 그럴 수밖에 없을 것이다. 소위 '호텔 음식'에 대한 우리의 기억이 그리 좋지 않은 이유는 또 있다. 우리가 호텔에서 음식을 먹는 경우 중 상당수는 결혼식, 컨퍼런스, 비즈니스 미팅, 접대 등과 관련되어 있다. 식당을 고르고 메뉴를 고르는 과정이 빠져 있고(내가 고른다 해도 오로지 '맛' 때문에 그곳을 선택하는 경우는 거의 없다), 마음도 그리 편치 않을 때가 많으며, 대량으로 조리된 음식은 최적의 상태가 아니다.

둘째, 음식이 매우 맛있다 한들, 너무 비싸다. 라면이 아무리 맛있으면 뭐 하나, 한 그릇에 2만 5천 원이면. 장안의 화제가 될 만큼 맛있는 순두부찌개가 나오면 뭐 하나, 한 그릇에 3만 8천 원이면. 우아한 분위기, 명품 그릇, 그립감 좋은 포크와 나이프, 편리한 주차 등의 가치를 고려하더라도, 5성급 호텔 식당의 음식값은 '엥?' 하는 소리가 절로 나온다. 그 가격에 맛이 없으면 배신인데, 심지어 맛조차 그저 그런 곳들도 적지 않다.

    셋째, 어쩌면 이게 가장 중요한 이유일 텐데, 고급 호텔의 식당일수록 의외로 서비스 수준이 떨어지는 곳이 많다. 정중한 서비스를 지향하는 것도 알겠고, 철저한 매뉴얼을 따르는 것도 알겠고, 가난한 진상보다 훨씬 더 무섭다는 부자 진상 고객의 심기를 거스르지 않기 위해 애쓰는 것도 알겠고, 음식값에 10퍼센트의 봉사료가 추가되니 그만큼의 '봉사'를 더 하려는 마음도 알겠다. 그러나 앞글에서도 말했듯이 레스토랑 서비스에서 가장 중요한 것은 고객의 마음을 편안하게 해주는 일인데, 5성급 호텔의 서비스는 대체로 그런 '푸근함'이 없다. 다른 나라의 5성급 호텔들도 이런 경향이 있긴 하지만, 우리나라는 조금 더 심한 것 같다.

    물론 호텔마다 차이는 존재한다. 일종의 기업 문화일 수도 있겠고, 경영진이나 지배인의 성향 차이일 수도 있겠다. 흥미로운 것은 서울에서 가장 대표적인 5성급 호텔이라 할 수 있는 그랜드 하얏트 서울과 호텔 신라를 비교하면 그 차이가 극명하다는 사실이다. 하얏트는 캐주얼한 쪽으로 으뜸, 신라는 캐주얼하지 않은 쪽으로 으뜸.(두 호텔에서 식사를 하는 일은 기껏해야 1년에 두어 번일 뿐이지만, 오랫동안 서울에서 살았으니 누적 횟수를 고려하면 그런 분위기 차이를 느낄 정도는 가봤다고 할 수 있다. 하지만 순전히 나의 개인적인 경험에 의한 판단이므로, 상당한 편견이 있을 수 있겠다. 표본오차 플러스 마이너스 30퍼센트. P값 > 0.05.)

언젠가 특별한 날을 기념하기 위해 호텔 신라의 중식당 '팔선'을 방문했다. 중국 신화에 나오는 여덟 명의 신선에서 이름을 따 온 팔선은 한국 최고의 중식당을 거론할 때 빠지지 않는 곳이다. 주방장이 팔선 출신이라는 홍보 문구가 붙어 있는 중식당도 경향 각지에 매우 많다.(어느 위치에서 얼마나 오래 근무했는지는 표시되지 않지만.) 한마디로 중식 명가다.

큰 기대를 품고 들어가 코스 요리를 주문했다. 여러 가지 코스 중에서 두 번째로 저렴한, 하지만 매우 비싼 것이었다.(시간이 흘러 정확한 가격은 기억이 나지 않지만, 현재 두 번째로 저렴한 디너 코스의 가격은 28만 원이다. 그나마 부가세와 봉사료가 모두 포함된 최종 가격이라는 게 다행.) 가장 싼 것을 주문하기는 싫은 허세와 더 비싼 걸 주문할 수는 없는 주머니 사정을 고려한 흔한(?) 선택지.(사실 홈페이지에서 미리 충분히 메뉴를 살펴보았고, 코스의 구성보다는 가격을 보고 골라놓았다. 배가 많이 고픈 상태라 메뉴판을 들고 온 종업원에게 그냥 'ㅇㅇ코스 주세요'라고 말하고 싶었으나, 동네 중국집이 아니니 참았다.)

음식은 매우 훌륭했다. 서비스도 매우 정중했다. 차의 향도, 물수건의 온도와 촉감도 좋았다. 풀 먹여 다린 듯한 테이블보도 깔끔했다. 그러나, 내가 비교적 늦은 시각인 저녁 8시로 예약을 잡은 것이 문제였을까? 8시 반이 넘자 대부분의 손님은 식사를 마치고 식당을 나갔고, 열 명 가까이 되는 어느 가족만이 남았다. 문제는 서너 살 정도 된 어린아이 하나가 어떤 말썽을 부렸는지, 아이는 소리 지르며 떼를 쓰고 엄마는 더 크게 아이를 나무라고 있었다는 것. 종업원들이 움직이지 않을까 하는 나의 기대와 달리 그들은 퇴근 시각(그 식당은 9시 반에 영업을 종료한다)이 다가온 것을 기뻐하는 듯 한쪽에 모여 수다만 떨고 있었다.

그 가족은 식사를 거의 마친 상태라 곧 자리를 뜨겠거니 하면서 나는 내 앞의 음식에 집중했다. 아니, 집중하려 했다. 하지만 고령자와 어린아이들이 포함된 그 일행은 짐을 챙겨 나가는 데만 꽤 오랜 시간이 걸렸고, 나는 한동안 패밀리 차이니즈 레스토랑에 앉아 있어야 했다. 소음이 한곳에서만 들리는 것은, 그 대화 내용까지 다 인식되기에, 식당 전체가 시끄러운 것보다 더 거슬린다.

여기까진 뭐, 그럴 수도 있다. 아이가 울더라도 엄마는 좀 조용했으면, 종업원들이 다가가서 세련되게 개입(?)했으면 좋았겠다는 생각이 들긴 해도, 그저 내가 운이 좀 없다고 생각하면 그만이다. 진짜 문제는 그다음부터.

형식적인 설명과 함께 음식만 가져다주고 나를 쳐다보지도 않던 종업원 중 하나가, 9시가 다가오자 우리 테이블로 다가왔다. 나는 그때 살짝 기대했다. 소음 때문에 정신이 없으시죠? 저희도 좀 당황스럽지만, 곧 나가실 것 같으니 조금만 양해해주시면 고맙겠습니다, 정도의 멘트를. 아유, 괜찮습니다. 아이들이 다 그렇죠, 뭐. 이렇게 웃어넘기는 대인배의 태도를 보여주는 나의 멋진 모습을. 그러나 그는 다급한 목소리로 이렇게 물었다. "저희가 주방 마감 시간이라, 라스트 오더 받고 있습니다. 뭐 더 주문하실 게 있으실까요?"

이게 문제다. 그놈의 매뉴얼. 분명히 매뉴얼에 적혀 있을 것이다. 주방 마감 시간 10분 전이 되면 테이블을 돌며 그 사실을 공지하고 추가 주문 여부를 확인할 것. 아무리 대식가라도, 28만 원짜리 코스 요리를 시킨 사람 중에 (그날 반드시 그걸 먹고 싶었으나 코스에 포함되지 않았다거나 하는 등의 이유로?) 멘보샤나 유산슬을 추가로 주문하는 사람이 있을까? 종업원은 도대체 어떤 대답을 기대했을까.(생각보다 코스가 부실하군요. 굴짬뽕 곱빼기 하나 추가해주세요. 뭐 이런 거?)

더 큰 문제는 몇 분 후였다. 소란을 일으켰던 가족들이 사라진 후, 종업원들은 빠른 속도로 그릇들을 정리하더니 내가 앉아 있는 테이블을 제외한 모든 테이블의 테이블보를 걷기 시작했다. 나는 아직 후식을 다 먹지도 않았는데, 갑분 청소 시간이라니. 진공청소기를 들고 나오지 않은 것을 다행이라고 해야 하나? 여느 날에는 그 시간까지 밥을 먹는 손님이 없을 수도 있겠다. 그날 하필 직원 회식이 예정되어 있어 마음이 급했을지도 모르겠다. 9시 25분이 되면 테이블보를 모두 걷어 세탁실로 보낸다는 매뉴얼이 있을 수도 있겠다. 하지만 적어도 이 업종에서는, 어떤 매뉴얼보다 중요한 것이 분위기 파악 아닌가. 누군가 최선을 다해 만들었을 맛있는 그 음식의 가치는, 눈치 없는 몇몇 사람들로 인해, 이삿날 먼지 속에서 쭈그리고 앉아 먹는 불어 터진 짜장면 수준으로 떨어지고 말았다.

이왕 신라호텔 흠을 보기 시작한 김에 하나 더. 역시 맛집으로 유명한 일식당 '아리아께'는 정중한 서비스가 오히려 고객의 마음을 불편하게 하는 사례 중의 하나다. 그곳에서 생맥주를 주문하면 맛 좋고 온도도 적당하고 거품까지 완벽한 맥주가 나온다. 길쭉한 잔의 모양도 근사하다. 그런데 그 맥주를 꼭 쟁반에 올려 위태롭게 가지고 온다. 심지어 통이 아주 좁은 기모노풍 원피스를 입은 직원이, 종종걸음으로, 바들바들 떨면서. 보는 사람 불안하게끔. 내가 뭔가 가혹한 행위를 요구한 듯한 느낌마저 받는다. 잔을 내려놓은 다음에는 꼭 두어 걸음이라도 뒷걸음질로 물러난다. 내가 강제로 갑질의 주체가 되는 불편함이 있다. 그냥 손에 들고 오면 안 되는 걸까? 체온 때문에 맥주 온도가 높아질까 봐 그러는 걸까? 그럼 다르게 생긴 캐리어를 쓰면 안 될까? 좀 편한 옷 입고 일하면 안 될까?

반면 하얏트는 생맥주를 그냥 손에 들고 온다. 일식당의 직원들도 모두 바지 유니폼을 입는다. 그리고 하얏트의 레스토랑에서 일하는 직원들과는 '대화'가 통한다. 그들은 잘 웃는다. 내가 웃기는 말을 해서가 아니라, 친구와 일상적인 이야기를 나눌 때 흔히 짓는 편안한 표정을 하고 있어서 그것이

'미소'로 느껴지는 것이다. 가식적이지 않은 미소. 그들이라고 노동이 진짜 즐거울 리는 없고, 낯선 손님이 진짜 반가울 리도 없고, 손님의 질문이나 요구가 지겹지 않을 리 없다. 하지만 하얏트 직원들에게서는 정중함(이라고 쓰고 경직이라고 읽는)이나 친절(이라고 쓰고 감정노동이라고 읽는)보다는 '편안함'이 먼저 느껴진다는 말이다. 당신은 갑이요 나는 을일지니 분부를 내리소서, 이런 느낌보다는, '반가워! 뭐 먹고 싶은데?' 이런 느낌에 가깝다고나 할까. 하얏트에도 당연히 매뉴얼이 있겠지만, 아마존이나 스타벅스가 고객 응대와 관련해서 직원들에게 상당히 많은 재량을 주는 것처럼, 하얏트 직원들도 기본적으로 '알아서 눈치껏' 일하는 경향이 있는 것 같다.(나는 하얏트나 신라와 아무런 이해관계가 없다. 그리고 하얏트가 주인이 바뀐 이후 좀 후져졌다는 세간의 평가가 있는 것도 알고 있다.)

2024년 11월, TGIF 미국 법인이 파산했다는 외신 기사를 읽었다. 한때 엄청난 인기를 누렸던 TGIF의 파산 원인으로는 음식의 질 관리에 실패한 것이 첫째로 꼽혔다. 워낙 덩치가 커지다 보니 언젠가부터 반조리 음식을 사용할 수밖에 없었고, 그 이후 내리막을 걸었다는 분석이다. 2025년 봄에는 한국에서도 운영을 종료했다. 직원이 무릎을 꿇고 식탁에 앉은 고객과 눈높이를 맞추며 주문을 받는 소위 '퍼피도그(puppy dog)' 서비스와 생일 축하 노래, 폴라로이드 사진으로 유명했던 그곳. 나는 퍼피도그 서비스를 좋아한 적이 없지만, 한때는 미국에서 건너온 그 문화가 '좋은 서비스'의 상징이 되기도 했던 기억이 난다. TGIF의 몰락은 어쩌면 레스토랑 직원과 고객의 관계가 과거와는 달라졌음을 보여주는 사건일지도 모르겠다. 5성급 호텔 식당이나 다른 고급 식당의 서비스도 '시대 변화'에 맞게 좀 달라지면 좋겠다.

남의 맛집을 탓하지 말라

맛집 콘텐츠가 넘쳐나는 시대다. 오래전에는 텔레비전, 신문, 잡지 등이 주로 맛집 정보를 알려줬지만, 지금은 수많은 인플루언서들과 인플루언서 호소인들이 각종 미디어를 통해 맛집 정보를 쏟아낸다. 거기에 바이럴마케팅이 중요해져서 진짜 고객의 솔직한 리뷰 외에도 공짜 식사나 금전적 이득을 취한 대가로 멋진 사진과 현란한 찬사를 잔뜩 욱여넣은 게시물도 너무 많다.(어차피 그런 줄 알고 보는 것이긴 하지만, 보는 사람 민망하니 적당히 좀 하지. 이 바쁜 세상에 도대체 누가 사진 스무 장과 원고지 서른 장 분량의 식당 리뷰를 '자발적으로' 작성한단 말인가. 절대 가지 말라고 열받아서 쓰는 리뷰라면 몰라도.)

하지만 여전히 가장 믿을 만한 것은 주변 사람, 특히 (그의 미각적 감수성이나 취향을) 잘 아는 사람이나 미식가로 이름난 사람의 추천이다. 누구에게나 있을 것이다. 다른 사람은 몰라도 그 사람이 강력히 추천하면 귀가 솔깃해지며 음식점의 정확한 이름이나 특징, 그곳에서 반드시 먹어야 할 음식 등에 관해 추가 질문을 하게 되는 그런 귀한 사람. 나의 주변 사람들에게는 내가 그런 (귀한) 사람이다.

솔직히, 고맙다는 인사 좀 들었다. 내가 비록 팻투바하 님이나 비밀이야 님 레벨에는 한참 못 미치지만, 동네 조기축구회에서 손흥민 소리 듣는 정도는 되니 말이다. 나의 추천 덕분에 부모님과의 식사가 매우 만족스러웠다거나, 데이트에서 상대방에게 점수 좀 땄다거나, 회식 자리가 모처럼 즐거웠다거나 하는 감사의 메시지를 받는 일이 제법 흔하다.(그럴 때면, 거짓말 좀 보태서, 내가 누군가에게 도움이 되는 괜찮은 인간이 된 듯한 느낌마저 든다.)

그런데 가끔은, 정반대의 경험을 하게 된다. 나름대로 심혈을 기울여 식당을 추천했는데, 한참이 지난 후 '거기 별로더라'라면서, 은근히 나의 안목에 실망했다는 식의 언급을 하는 사람도 있다. 물론 다시는 그에게 식당 추천 따위는 하지 않겠지만, 그 일로 인해 관계를 끊거나 그에 대해 험담을 하지는 않는다. 누구나 기호는 있고, 개인의 취향은 중요하니까.

더 나쁜 경우도 있다. 식당 추천을 의뢰받고 몇 군데를 소개했을 때, 혹은 내가 좋아하는 식당이 어떤 곳들이냐는 질문에 답했을 때, "나는 거기 별로던데"라는 말과 함께 '맛집 좀 다닌다더니 허당이구나'라는 표정이 되돌아오는 순간. 원래 사람 마음이 상하는 건, 소위 '워딩' 자체보다는 그 말에 동반되는 표정이나 목소리의 미세한 변화가 아니던

가. 이런 건 대화의 기술 차원의 문제가 아니라 타인에 대한 예의의 문제다.

하지만 내가 아는 맛집을 누군가에게 추천하고, 다른 사람이 발견한 맛집을 소개받는 일은 대체로 즐거운 일이다. 그리 길지 않은 인생에서 우리가 누릴 수 있는 것은 매우 제한적이다. 시간은 많은데 돈이 없어서, 혹은 돈은 있는데 시간이 없어서. 그리고 대개는 둘 다 없어서. 하지만 어떤 것들은 시간이나 돈 문제가 아닌 다른 이유로 누리지 못한다. 몸이 말을 듣지 않아서(내 경우에는 수영, 서핑, 스키, 스노보드, 테니스 등등), 혹은 진입 장벽이 있는 해당 분야를 즐길 만큼의 내공이 없어서(내 경우에는 클래식 음악, 고전 미술, 바둑, 악기 연주 등등), 혹은 단순히 취향이 맞지 않아서(내 경우에는 낚시, 목공, 천문 관측, 등산 등등).

이런 이유들로 무언가를 누리지 못하는 건 분명 아쉬운 일이지만, 가장 안타까운 이유는 '몰라서'가 아닐까? 내 입맛과 취향에 딱 맞고, 마음만 먹으면 언제든 갈 수 있는 곳에 위치하며, 충분히 감당할 수 있는 비용만 내면 되는 그런 맛집을, 내가 단순히 존재 자체를 알지 못해서 못 간다면, 이처럼 안타까운 일이 어디 있겠나. 오랫동안 간직할 추억을 만들어줄 맛집을, 앞으로 계절마다 최소 한 번씩은 기쁜 마음으로 찾아갈 맛집을 새롭게 알게 되는 건 무척이나 소중한 일이다. 그런 맛집을 나에게 소개해준 사람이 고마운 은인인 것은 당연하지 않은가.

그런데 누군가에게 맛집을 추천하는 것은 사실 쉬운 일이 아니다. 인플루언서가 불특정 다수를 상대로 자신이 좋아하는 (혹은 자신에게 대가를 지불한) 맛집을 여럿 소개하는 것은 간단할지 모르지만, 가까운 지인이 은밀하게(?) 맛집 추천을 부탁해 왔을 때는 이야기가 다르다. 소개팅 주선보다 부담스럽진 않을지 몰라도, 넷플릭스 드라마 추천보단 분명히 신경 쓰이는 일이다. (구독료가 있긴 하지만) 드라마보다 비싸고, 마음에 들지 않는다고 먹다 말고 나오기 어렵고, 맛이 없다고 두 배로 빨리 먹는 것도 이상하니까.

맛집 추천이 쌍방 기쁨으로 귀결되기 위해서는 어떤 조건이 필요할까. 소개팅이 연애로 이어질 확률을 높이려면 어떻게 해야 하는지 생각해보면 간단하다. 야, 어디 예쁜 여자 없냐? 야, 여기 남자가 하나 남는데 나올래? 대화의 시작이 이래서야 잘될 가능성이 크지 않다.

주선자에겐 자신의 연애 경험과 자신이 보유

한 남녀 데이터베이스를 바탕으로, 인공지능을 능가하는 인간 지성을 발휘하여, 매칭 지수가 가장 높은 두 사람을 소개해주는 정성이 필요하다. 물론 그 데이터베이스에 외모뿐만 아니라 나이, 성격, 취미, 주거지, 지향(?), 전적(?) 등의 정보까지 포함되어 있으면 더욱 좋다. 또한 소개팅을 부탁하는 사람은 자신의 이상형에 관한 정보를 주선자에게 최대한 많이 제공하는 것이 필요하고, 자신이 어떤 사람인지 (그렇게 훌륭한 사람에게 어울리는 사람인지에 관한 객관적인 성찰을 포함하여) 알려주어 주선자의 부족한 데이터베이스를 풍성하게 만들어주는 것이 좋다.

맛집 추천도 마찬가지다. 그냥 '성수동 맛집 추천해줘'라는 질문은 네이버 검색창에 '성수동 맛집'이라고 입력하는 것과 다르지 않다. "대학 동창 네 명이 송년회를 하려는데 고깃집과 중식당은 제외하고 주류 제외 1인당 5만 원 안팎의 예산으로 가능한, 성수동에 있는 식당 좀 추천해줄래? 이왕이면 조용한 곳으로. 왕십리 쪽도 괜찮아." 이런 식으로 질문을 던져야 좋은 대답이 돌아올 확률이 높아진다. 질문 스타일이 어디서 본 듯하다고 느껴진다면, 당신은 챗GPT 좀 써본 사람이다. 하물며 인공지능에게 질문을 할 때도 이런 접근이 중요한데, 인간 지성의 힘을 빌릴 때는 당연히 그렇지 않겠나.(물론 "지하철역 입구에서 70미터 이내, 조도는 150룩스 내외, 실내 소음은 50데시벨 미만, MSG 사용량 평균 이하, 인체공학적 디자인의 의자 필수" 등과 같은 헛소리를 해서는 곤란하겠지만.)

같은 한정식집이라도 두 번째 데이트에 어울리는 집과 상견례에 적합한 집과 외국인 대접에 효과적인 집은 다르다. 외국인이라고 다 똑같은 것도 아니다. 그가 영국인일 때와 일본인일 때, 그가 이십대일 때와 오십대일 때, 그가 한국에 처음 온 사람일 때와 여러 번 방문한 사람일 때, 그의 체류 기간이 이틀일 때와 3주일일 때, 최적의 맛집이 똑같을 수는 없다.

모든 사람이 맛집 정보를 풍부하게 갖고 있지는 않다. 하지만 누구나 자신만의 맛집 리스트가 있으며, 그 리스트는 수시로 업데이트된다. 그리고 정도의 차이는 있을지언정, 방문할 식당을 고를 때 이런저런 사항들을 종합적으로 고려하지 않는 사람은 없다. 누군가가 음식점 추천을 부탁할 경우, (평소 매우 싫어하는 사람이 부탁한 게 아닌 한) 대부분은 성심성의껏 자신의 데이터베이스를 돌려서 답을 준다. 선의에서 비롯한 행동이라는 말이다. 그러니 혹시 누군가가 추천한 맛집이 썩 만족스럽지 않더라도, 식당 사장님이나 주방장을 탓할지언정, 추천자를 탓해서는 안 된다.

사실 나는 다른 사람이 물어봤을 때뿐만 아니라 내가 방문할 음식점을 고르는 데도 진심이다. 위에서 언급했던 복잡한 변수들을 모두 고려하여 최적의 장소를 찾기 위해 애쓴다. 물론 대부분의 끼니는 큰 고민 없이 (다들 그러하듯이 즉흥적으로, 혹은 번갈아가며, 혹은 누군가의 제안을 따라) 대충 결정한 곳에서 해결하지만, 소중한 사람들과의 뜻깊은 식사라면, 뭔가 목적이 있는 비즈니스 미팅이라면, 낯선 곳으로 여행이라도 떠난다면, 식당 선택에 적지 않은 시간과 노력을 들인다. 모임의 중요도가 높으면 더 어렵고, 참석자 중에 특이한 식성이나 유난히 까탈스러운 성격을 가진 사람이 있으면 더 어렵고, 참석자들의 서식지가 넓은 지역에 흩어져 있으면 더 어렵고, 밥값을 내가 내지 않는 경우라면 더 어렵고, 같이 밥을 먹을 사람에 대한 정보가 하나도 없을 때는 특히 어렵다.

인생 참 어렵게 산다고 생각하실 분이 있을지 모르겠다. 어차피 먹으면 배부른 거 똑같고 소화되면 똥 되는 거 똑같은데, 그렇게까지 고민할 필요가 있겠냐는 분들의 생각도 존중한다. 하지만 혼자 먹는 식사가 아니라면, 배를 채우는 것 이외의 다른 목적이 조금이라도 포함된 식사 모임이라면, 참석자 중 누군가가 이런 노력을 했을 때 그 혜택은 모두에게 돌아간다. 조금 과장하자면, 맛집 하나를 더 알게 되는 것은 삶의 범위가 그만큼 확장되는 일이고, 여러 사람이 모여서 만족스러운 식사 한 끼를 함께 하는 것은 우리 인생의 두께가 조금은 두꺼워지는 일이다. 그러니 주변에 있는 '맛집에 진심인 사람들'을 너무 유별나다고 여기지는 말아주시길.

어쨌거나, 맛집에 진심인 사람들과 맛집에 무심한 사람들은 그럭저럭 평화롭게 잘 지낼 수 있다. 오히려 갈등은 맛집에 '너무' 진심인 사람들 사이에서 벌어진다. 자신의 맛집 리스트가 대단히 훌륭하다고 굳게 믿고, 자신의 미각이 매우 예민하여 여러 음식의 맛을 정확히 평가할 수 있다고 생각하고, 제대로 된 음식을 팔지 않는데 쓸데없이 장사가 매우 잘되는 식당들의 존재를 개탄하고, 진짜 미식가라기보다는 허세로 가득 차 아는 척만 하는 사람들을 혐오하는 사람 네 명쯤이 모여서 한국의 평양냉면 신(scene)에 관해 논하는 장면을 떠올리면 쉽게 상상이 되리라.

최고의 평양냉면을 파는 식당이 어디냐는 문제에 정답은 없다. 서울 3대 족발집이니 전국 5대 짬뽕집이니 하는 것도 크게 믿을 게 못 된다.(사실 출처도 불분명하다.) 미슐랭 가이드를 필두로 수없이 많은 최고 맛집 리스트가 있지만, 그건 어디까지나 참고 자료일 뿐 개개인의 만족을 보장해주지는 않는다. 한국 사람 100명을 모아놓고 각자 생각하는 최고의 돈가스 식당(직접 방문한 곳 중에서)을 적어내라고 했을 때, 한 표 이상 얻은 식당이 일곱 개쯤인 것이 바람직할까, 아니면 일흔 개쯤인 것이 바람직할까. 가장 좋아하는 음식이 다양하듯, 가장 좋아하는 음식점도 천차만별인 게 당연하다.

물론 나는 마음속에 나만의 '최고 맛집' 목록을 만들어두었다. 여러 장르나 메뉴마다, 한 곳 혹은 두세 곳 정도의 식당이 있다.(업데이트는 아주 드물게 이뤄진다.) 하지만 여기서의 '최고'는 나에게 최고인, 즉 내가 가장 좋아하는 맛집일 뿐이다. 사실 '최애 맛집'이라고 하는 게 더 정확한 표현이다.

그러니, 남의 맛집을 탓하지 말아야 한다. 신라면을 좋아하는 사람과 진라면을 좋아하는 사람이 서로를 비난하지 않는 것처럼, 누군가의 최애 맛집 이름을 듣고서 '냉면 먹을 줄 모르네' '네가 ㅇㅇ

○를 안 가봐서 그래' '거기가 무슨 맛집이냐' '초딩 입맛이구먼' 등의 말을 하는 건 결례다. 정도가 지나치면 상대방에게 '타인의 견해를 존중하지 않는 꼰대' 취급을 받거나 손절당할지도 모른다.

하지만 남의 맛집을 탐하는 건 괜찮다. 마음껏 탐해도 된다. 친구가 자신의 최애 맛집에 대해 말할 때, 어떤 점이 그 식당의 매력인지, 어떤 스타일로 요리했기에 그렇게 좋았는지, 어떤 메뉴를 특히 추천하는지, 이런 질문은 얼마든지 해도 된다.(얼마든지? 최대 다섯 개 정도만.) 그 식당에 반드시 가고야 말겠다는 탐욕스러운 눈빛, 그렇게 훌륭한 식당을 나보다 먼저 가본 것을 부러워하는 눈빛, 그런 고급 정보를 혼자만 간직하지 않고 나에게 공유해준 상대의 너그러움에 감동한 눈빛을 보내는 것도 좋다. 지도 앱을 열어서 위치를 확인하며 관심을 보이는 것은 기본이다. 자신의 (별것 아닌) 말에 이렇게 귀 기울이고 진지한 반응을 보이는 사람을 좋아하지 않는 사람이 있을까? 맛집 정보도 얻고 상대방의 호감도 살 수 있으니 일석이조다.

누군가와 대화를 나눠보면 그 사람의 됨됨이를 어느 정도는 파악할 수 있다. 당연한 말이지만, 맛집에 관해 대화를 나눌 때도 마찬가지다. 남의 맛집을 깎아내리고 자신의 맛집이 최고라는 주장만 늘어놓는 사람은, 맛집 말고 타인의 '취향'이나 '개성'도 별로 존중하지 않을 가능성이 크다.(그렇다. 맛집에 관해 함부로 말하는 건 때로 위험한 일일 수 있다.)

    내 맛집만큼 남의 맛집도 소중히 여기는 것이 맛집 애호가가 갖춰야 할 첫 번째 덕목일지도 모른다. 부디 남의 맛집을 탓하지 말라.

맛집의 여러 차원들

'맛집'은 국립국어원이 만드는 표준국어대사전에 등재돼 있지 않은 단어다. 온 국민이 뜻을 알고 매우 흔히 쓰이는 말이지만, 적어도 아직은 아니다. 국립국어원은 정기적으로 신조어를 검토하고 그중 일부를 표준어로 인정하여 국어사전에 등재하는데, 가장 중요한 기준은 사용 빈도와 사회적 수용도라고 한다. 쉽게 말해 '많이 쓰이고 다들 알아들어야 한다'는 뜻일 텐데, 맛집은 왜 아직 표준어가 아니란 말인가. 국립국어원의 직무 유기(?) 때문에, 국어를 매우 사랑하는 나는, 국어사전에 등재되지도 않은 단어를 제목에 사용한 책을 쓴 사람이 되고 말았다.

혹시 맛집이라는 단어가 사용되기 시작한 지 그리 오래되지 않아서일까? 맛집이라는 단어가 언제부터 사용됐는지 알아보기 위해 네이버 뉴스 라이브러리에서 맛집이라는 키워드를 넣어봤다. 그랬더니 오오, 무려 1946년 『동아일보』 기사에 처음 등장했다. 그러나 그건 "맛집어서 빨리될일이 있고…"라는 구절의 일부로, '날림으로' 정도의 의미로 '막 집어서'라고 표현한 것이었다. 그럼 그렇지, 놀래라.(사실 맞춤법에 맞게 쓰려면 '놀라라'라고 해야 하는데….)

두 번째로 맛집이 신문에 등장한 것은 1981년

으로, 『조선일보』와 『경향신문』이 보도한 '절임식품 제조업소 2개소에 행정조처'라는 제목의 기사였다. 서울 용산구가 관내의 절임식품 제조업소에 대해 위생 점검을 실시한 결과 열 개 업소를 적발했다는 내용인데, 적발된 업소 중 한 곳의 이름이 한강로2가에 있는 '한국맛집'이었던 것이다. 시대를 앞서가는 작명 센스를 발휘하였으나 위생에는 별로 신경 쓰지 않았던 그 가게 사장님이 문득 궁금해진다. 어쨌거나 이번에도 꽝.

세 번째는 1985년 『매일경제』 기사에 나오는데, 농심이 새로운 스낵 '오징어맛집'을 내놓았다는 내용이었다. 오징어의 맛과 모양을 살린 게 특징이고, 가격은 60그램 한 봉지에 200원이란다. 1985년이면 내가 과자 좀 먹던 시절인데, 이런 이름의 과자는 전혀 기억이 안 난다. 찾아보니 이 과자의 이름은 1986년에 오징어제트로, 1992년에는 오징어집으로 바뀌어 지금까지 생산되고 있다.(참고로 오리온의 인기 스낵 오징어땅콩의 출시 연도는 1976년이다. 부라보콘은 1970년, 새우깡은 1971년, 홈런볼은 1981년, 빼빼로는 1983년에 출시됐다. 다들 중년이 되었다.)

지금과 같은 의미로 쓰인 '맛집'이 신문 기사

에 처음 등장한 것은 1987년 2월 4일이었다. 맛집의 역사에서는 기념할 만한 날인 그날, 『경향신문』에 실린 '안성 토박이 장국밥 3대(代)'라는 제목의 기사는, 경기도 안성 장터에서 3대째 60년 동안 국밥 장사를 해오고 있는 '안일옥'이라는 음식점을 소개하고 있다. 이 기사에는 "2대째가 된 며느리 이양귀비 씨(70)가 맛집으로 더 명성을 떨쳐 이름이 전국으로 번졌다"라는 대목이 나온다. 이것이 한국 언론사에서 첫 등장한 '맛집'이다. 국어사전에 없는 단어를 과감하게 사용한 장화경 기자에게 손뼉이라도 쳐주고 싶은 심정이다. 어쩌면 한국 최초의 공인된 맛집이라 부를 수 있는 안일옥은 지금도 영업을 하고 있을까? 혹시 없어졌으면 어떻게 하지? 괜스레 긴장하며 검색을 해봤다.

있다! 경기 안성시 중앙로 411번길 20에서, 오후 3시부터 두 시간 동안의 브레이크 타임을 제외하고 매일 아침 8시부터 저녁 9시까지 영업 중이다. 설렁탕, 곰탕, 소머리국밥, 양곰탕, 장터국밥, 도가니탕, 우족탕 등 다양한 메뉴를 판매 중이고, 주차도 가능하다. 후기에 첨부된 사진을 보니 '4대에 걸쳐 100년을 이어온 맛'이라는 글자가 메뉴판 위에 붙어 있다.

이렇게 의미 있는 안일옥을 내가 아직 안 가보았다니. 맛집 애호가이자 미식가를 자처하는 내가 그동안 얼마나 안일한 태도로 살아왔는지 반성하게 된다. 지금 당장 글쓰기를 멈추고 방문하고 싶은 생각이 간절하지만 일단 좀 더 쓴다. 언젠가는 꼭 방문해보리라. 성지순례 하는 기분으로.

아무튼, '맛집'이라는 단어는, 신문 기자가 기사에 사용할 정도로 언중에게 알려진 이후 최소한 38년이 지난 단어다. 신조어라고 부르기 민망할 정도로 오랫동안 쓰인 셈이다. '맛집'이라는 단어가 포함된 신문 기사의 숫자는 1988년부터 1996년까지 1년에 적게는 두 건에서 많게는 열여덟 건까지 조금씩 늘어나다가, 1997년에 일흔세 건으로 크게 늘었다. 맛집이라는 단어가 사회성을 획득한 시점을 그 무렵으로 봐도 무방하지 싶다.

국립국어원 관계자분들께 부탁드린다. 사용 빈도, 사회적 수용도, 사용된 기간 등을 종합적으로 고려할 때, 맛집은 시급히 표준어로 국어사전에 등재돼야 할 단어이니, 필요한 절차를 밟아주시길. 옥스퍼드 영어사전에는 2021년 기준으로 치맥, 대박, 먹방, 파이팅(이것도 한국어다!) 등의 우리말이 올라있다고 하는데, 신조어를 정식 한국어로 받아들이는 데 있어서 지나치게 조심스러운 태도를 취할 필요는 없다고 생각한다.

물론 '신박하다'와 같은 단어를 사전에 올리는 것은 나도 반대다. 적어도 아직은. 언젠가부터 사람들이 이 표현을 많이 쓰고 심지어 지상파방송에도 등장했을 때, 솔직히 좀 당황했다. 〈우리말 겨루기〉에 나갈 정도는 아닐지 몰라도 한국어 실력이 꽤 좋다고 생각했는데, 내가 전혀 모르는 단어를 남들이 많이들 쓰고 있어서다. 결국 나무위키의 설명을 보고서야 이해했다. 내가 게임을 하지 않아서 습득이 늦었던 것이다.

'신박하다'는 블리자드의 게임 WOW(와우, 월드오브워크래프트) 유저 커뮤니티에서 유래된 말이라고 한다. 와우의 다양한 클래스 중에서 유독 다른 클래스 유저들이 싫어했던 클래스가 '신성 성기사'인데, 누군가가 그 싫어하는 마음을 담아 성기사를 성바퀴 혹은 성박휘라는 멸칭으로 부르기 시작했고, 이후 다른 단어에서도 '기'를 '박'으로 바꿔 말하는 일종의 언어유희가 유행했다는 것이다. 그래서 기절초풍은 박절초풍이 됐고, '신기하다'는 '신박하다'가 되었다는 것. 유래가 무엇이든, 단어가 주는 느낌적인 느낌으로, 사람들은 '신박하다'를

'신기하다' '쌈박하다' '대박이다' 등의 의미가 축약된 표현으로 사용하고 있는 듯하다. 참으로 신박한 일이긴 한데, 이 단어를 표준어로 국어사전에 등재하는 것은 왠지 좀 찝찝하다.(하지만 언젠가는 그 찝찝함조차 사라질지도 모르겠다.)

국어사전에 등재가 됐든 아니든 온 국민이 자주 사용하는 단어인 맛집은 사실 매우 여러 종류(차원이라고 해도 좋겠다)가 있다. 회사 근처, 혹은 집 근처에 있는 맛집은 '그냥 맛집'이다. 물론 회사나 집 근처에 전국적으로 이름난 맛집이나 미슐랭 가이드에서 별을 받은 맛집이 여럿 존재하는 행운을 누리는 사람도 있겠으나, 그렇다고 거길 수시로 가진 않을 테니까, 여기서 말하는 '그냥 맛집'이란 그냥저냥 먹을 만한, 시간과 공간의 제약으로 인해 선택 가능한 소수의 음식점 중에서 그래도 호감이 가는, 가까이에 있으니까 여러 번 가게 되는, 혹시 지인이 찾아와 캐주얼한 식사를 하게 될 경우에 데리고 가는, 없어지면 조금 아쉽긴 하겠지만 그렇다고 막 슬프거나 하지는 않는, 회사 근처에 많으면 10여 곳, 집 근처에 역시 많으면 10여 곳 있는, 그런 곳들을 말한다. 그냥 맛집이 많은 곳일수록 부동산 가격이 비싸다.(부동산 가격이 비싼 곳일수록 맛집이 많은 건가.)

일부러 찾아가지는 않지만, 식사 시간 무렵 근처에 갈 일이 생기면 우선 고려하는, 때로는 거의 자동으로 머리에 떠오르는 맛집은 '기억 맛집'이다. 좋았던 기억이 오래 남아, 1년에 한 번이든 2, 3년에 한 번이든, 결국 여러 번 방문하게 되는 맛집이다. 이런 맛집은 주로 내가 자주 가지 않는 먼 데에 있는 경우가 많고, 아마도 회사나 집 근처에 있었더라면 훨씬 자주 방문했을 가능성이 큰 곳이다.

멀지는 않지만 일부러 찾아가는 맛집은 '애정 맛집'이라 부를 수 있겠다. 웬만한 음식 종류마다 한둘씩은 있는, 수제비 하면 떠오르고 순두부 하면 떠오르고 육개장 하면 떠오르고 불고기 하면 떠오르는 맛집은 누구에게나 있지 않나. 애정 맛집은 일정한 시간, 예를 들어 3개월 정도가 지나면 아무런 이유나 자극 없이도 '거기 갈 때가 됐다'는 느낌이 오는 맛집이다. 마치 미각 세포들이 일종의 금단 증상을 일으켜, 음식 이름이 아니라 음식점의 이름을 청각 세포로 전달하는 것일지도 모른다.

금단 증상이 아주 심하거나 몇 년 이상의 기간에 걸쳐 반복적으로 일어난다면, 그곳은 '최애 맛집'으로 승격된다. 사실 보통의 애정 맛집들은 시간이 흐르면서(즉 방문 횟수가 쌓이면서) 슬그머니 그 지위를 잃는 경우가 적지 않다. 그런데 5년이 흐르고 10년이 흘러도 무언가에 끌리듯, 잊을 만하면 떠오르고, 떠오르고 나면 조만간 찾게 되는 맛집은 흔하지 않다. 내가 방문했을 때 손님이 바글바글하면 공연히 기분이 좋아지고, 대기 손님이 열두 팀이 있어서 최소 30분을 기다려야 한다고 해도 인근의 다른 곳으로 발길을 돌리지 않는 곳이 최애 맛집이다. 어쩌다 손님이 유난히 적어 테이블 여러 개가 비어 있는 모습을 보면 혹시나 없어지지 않을까 걱정이 되는, 지나가다 우연히 혹은 즉흥적으로 방문하기보다는 최소 몇 시간 전이나 때로는 며칠 전부터 방문 계획을 세우거나 예약을 하게 되는, 그런 맛집이 최애 맛집이다. 만약 내가 4시에 간다면, 적어도 3시부터는 행복해지기 시작하는 맛집이 최애 맛집이다. 최애 맛집을 열 개쯤 보유하고 있다면 그리 나쁘지 않은 인생일지도 모른다.(물론 그런 맛집 열 개를 '소유'하고 있다면 훨씬 근사한 인생이겠지만.)

'감상 맛집'도 있다. 허다한 여타의 식당들과는 확실히 구분되는, 즉 다른 어느 음식점에도 완전히 똑같은 음식이 존재하지 않는, 재료든 조리법이든 플레이팅이든 뭔가 새롭고 근사한 방법을 사용한 창의적인 음식을 내는 곳이 감상 맛집이다. 미술관에서 그림을 감상하듯, 콘서트홀에서 음악을 감상하듯, 단순히 음식 그 자체만을 즐기는 것이 아니라 그 결과물이 만들어지기까지의 (아마도 고통스러웠을) 과정과 어떤 구상을 멋들어지게 구현해내는 요리사의 솜씨까지 음미하게 되는 곳들을 말한다.

꼭 그런 것은 아니지만 이런 곳들은 대체로 비싸다. 미술관 입장료보다는 훨씬 비싸고, 제법 비싼 음악회 입장권 가격과 비슷하거나 더 비싼 곳들이 많다. 미술관은 아무래도 이미 만들어진 작품을 두고두고 전시하는 곳이지만 음악회는 많은 사람이 공연 때마다 직접 품을 들여야 하는 곳이기 때문이 아닐까? 그런 의미에서 예술가의 경지에 오른 요리사의 일은 화가보다는 연주자의 작업에 가깝다.

하지만 우리가 같은 미술품을 보러 같은 미술관을 여러 번 찾지 않는 것처럼(간혹 그런 경우도 있다), 똑같은 팀이 똑같은 곡을 연주하는 음악회를 반복해서 가지 않는 것처럼(드물게 그런 사람도 있더라만), 감상 맛집은 대체로 평생 딱 한 번, 기껏해야 오랜 간격을 두고 두 번 정도만 방문하게 되는 게 보통이다. 또한 자자한 명성을 듣고서 큰 기대를 품고 예약을 했지만, 맛보게 된 '작품'이 자신에게는 썩 마음에 들지 않거나 훌륭하지 않을 수도 있다.

그리고 '인생 맛집'이 있다. 이건 명확히 조건을 설명할 수 없다. 어떤 음식점이 누군가에게 인생 맛집이 되는 연유는 매우 다양하기 때문이다. 더 정확히 말하면, 인생 맛집은 음식점 자체의 요인만으로 결정되는 것이 아니라 그곳을 방문하는 사람의 특별한 경험이 더해졌을 때 탄생하는 것이다. 긴 인생의 어느 순간에, 어떠한 맥락 속에서, 누구와 함께, 무슨 이유로, 어떤 과정을 거쳐 그곳을 방문했는지, 그곳에서 얼마나 특별한 경험을 했는지, 그 경험이 나에게 왜 의미가 있는지 등의 '스토리'가 존재해야 인생 맛집의 반열에 오를 수 있다. 누군가의 인생 맛집은 그 사람의 인생을 설명해주는 중요한 단서 중 하나다. 그러니 누군가의 인생 맛집은 다른 사람들에게는 그저 그런 수많은 음식점 중의 하나일 수도 있다.(하지만 대체로 누군가의 인생 맛집으로 꼽히는 집들은 아무래도 '찐 맛집'일 가능성이 크긴 하다.)

나는 과거 『여행준비의 기술』에서 '내가 누구인지 발견하는 방법' 중의 하나로 '리스트 만들기'를 추천한 적이 있다. '내가 가장 ○○하는 ○○ 다섯 가지'와 같은 형식의 리스트를 여러 개 만들어보면 미처 몰랐던 자신의 진짜 모습을 발견할 수 있게 된다는 의미였다. '나의 인생 맛집 다섯 곳'을 한번 정해보시라. 당신이 어떤 사람인지 새삼 깨닫게 될지 모른다. 다섯 곳으로 압축하기 어려울 만큼 떠오르는 식당이 많다면, 그리 나쁘지 않은 인생이라 생각해도 좋겠다.

사랑하는 맛집과 존경하는 맛집

나는 사십대 초반에 2년간 미국 로스앤젤레스에서 거주한 적이 있다.(그때의 나이를 굳이 밝히는 이유는 '미국에서 2년이나 사셨으면 영어 좀 하시겠네요?'라는 질문을 받고 싶지 않아서다. 외국어는 어릴 때 배워야 한다.) 다른 나라였거나 미국의 다른 지역이었더라면 한식에 대한 그리움으로 몸부림쳤겠지만, 로스앤젤레스에서는 그럴 일이 별로 없었다. 집에서 도보 2분 거리에 갈비, 육개장, 잡채 등을 판매하는 한식당이 있었고(엄청나게 맛있고 심지어 저렴했다), 걸어서 5분 거리에 있는 미국 슈퍼마켓에서는 김치나 김은 물론 냉동 상태의 낙지볶음이나 제육볶음 등을 팔고 있었고, 자동차로 20분만 가면 한인타운이었으니까.

로스앤젤레스의 한인타운에 가면 모든 종류의 한식을 먹을 수 있고, 모든 한식 재료를 구할 수 있다. 물론 음식 맛은 (국내의 유명 맛집에 비하면) 아주 조금은 아쉽고, 가격은 (양대창 등 몇 가지 음식을 제외하면) 한국보다 비싼 편이었지만, 그래도 먹고 싶은 한식을 못 먹어서 괴로울 일은 없었다. 한식 재료도 뭐든지 구할 수 있었다. 김치든 된장이든 쌀이든, 한국에서 공수해 온 것들은 매우 비쌌지만, 미국에서 생산된 것들은 가격이 저렴하고 품질도 좋았다. '베를린에는 육개장이 없어서'라는 책도 있지만, 로스앤젤레스에는 육개장을 판매하는 식당이 허다하고 육개장 재료도 다 있고 데우기만 하는 포장 육개장은 동네 슈퍼에도 있다.

그럼 한식에 대한 향수를 전혀 못 느꼈느냐. 전혀 그렇지 않다. 뭐든 다 있는 것 같았지만, 내가 원하는 딱 그 맛, 그러니까 나의 최애 맛집에서만 맛볼 수 있는 바로 그 맛, 한 숟가락이나 한 젓가락만 먹어도 "그래, 이 맛이지"라는 감탄사가 저절로 나오는 그 맛은 없었기 때문이다. 육개장은 있었으나 한일관 육개장이 없었고, 곰탕은 있었으나 하동관 곰탕이 없었으며, 콩국수는 있었으나 진주회관 콩국수가 없었고, 해장국은 있었으나 청진옥 해장국이 없었으며, 양념갈비는 있었으나 버드나무집 양념갈비가 없었고, 수제비는 있었으나 삼청동수제비의 수제비가 없었다는 이야기다.

미국에서 지내는 동안 애틋하게 떠올렸던 여러 식당 중에서도 가장 애타게 그리워한 식당을 딱 하나만 꼽으라면 필동면옥이다. 내가 가장 사랑하는 평양냉면집. 첫 방문 이후 30여 년 동안 매년 최소한 서너 번씩은 갔을 테니, 100번도 넘게 방문한 음식점. 몇 달만 발길을 끊으면 어김없이 금단 증상이 나타나 '필동 갈 때 됐다'는 환청이 들리던 그곳.

밍밍한 육수와 탄력 있는 면발, 독특하게도 꽤 많은 양의 파와 약간의 고춧가루가 올라간 필동면옥의 평양냉면을 2년 동안 못 먹으니 정말 힘들었다. 비빔냉면은 또 어떤가. 다른 곳에서는 비빔냉면을 즐겨 먹지 않는 편이지만, 가끔 맛보는 필동면옥의 그것은 정말 신묘한 매력이 있다. 딱 적당한 만큼의 수분, 딱 유쾌할 정도의 육향, 딱 어울리는 숙주의 식감이 조화를 이룬 만두도 빼놓으면 섭섭하고, 수분 없이 차갑게 제공되는 수육, 차가운 돼지고기 수육의 최고봉이라 해도 지나치지 않을, 그래서 소고기로 만든 수육과 별반 가격 차이도 나지 않는 제육, 그리고 나처럼 둘 다 먹고 싶은 사람을 위해 준비된, 메뉴판엔 없는 비밀(?) 메뉴인 반반은 물론이고, 심지어 만두나 고기를 찍어 먹도록 제공되는 오묘한 맛의 양념장까지 필동면옥의 모든 음식이 그립고 또 그리웠다.

평양냉면은 정말 독특한 음식이다. 나는 두 가지 측면에서 그렇다고 생각한다. 첫째는 '차가운 고기 국물을 베이스로 하는 면 요리'라는 음식의 특성 자체다. 내가 아는 한, 다른 나라에는 평양냉면 비슷한 음식도 없다. 일단 서양에는 차갑게 먹는 면

요리가 드물다. 있다 한들 샐러드에 가깝지, 주요리라 할 수는 없다. 동양에는 차가운 국수가 제법 있지만, 국물이 아예 없거나 있어도 고기 국물은 아니다. 평양냉면과 비슷한 요리가 없는 이유는, 고기를 넣고 끓여서 만드는 다양한 음식을 생각해보면 금세 알 수 있다. 고깃국은 사실 '기름' 맛으로 먹는 것이다. 서양의 소고기콘소메나 어니언수프도, 한국의 소고기뭇국이나 설렁탕도, 고깃국은 기름이 둥둥 떠 있는 것이 보통이고, 뜨거울 때 먹어야지 식으면 기름이 굳어서 맛이 없어진다. 눈에 보이는 기름 둥둥과 눈에 보이지 않는 느끼 작렬을 피하면서도 깊은 맛이 나는 육수를 내기 위해 평양냉면은 두 가지 방법을 쓴다. 가장 지방이 적은 부위를 다양한 채소와 함께 넣어 육수를 내고, (다 그런 것은 아니지만) 동치미 국물을 절묘한 비율로 배합하는 것이다. 김치처럼 채소를 절여 발효시킨 음식은 외국에도 많이 있지만, 그 과정에서 생겨난 국물까지 먹는 사례는 매우 드물다. 평양냉면은 동치미 국물이라는 한국적인 재료를 활용함으로써, 차가우면서도 느끼하지 않은 고기 국물이라는 그 어려운 일을 기가 막히게 해낸 결과다.

둘째는 집에서 만드는 것이 거의 불가능에 가

까운 음식이라는 점이다. 우선 육수를 만드는 과정이 매우 까다로울 뿐만 아니라 상당히 긴 시간이 걸리고, 면을 만드는 데는 특별한 기술 외에 거창한 장비까지 있어야 하기 때문이다. 아시다시피 평양냉면의 면은 메밀이 주된 재료다. 100퍼센트 메밀만으로 만든 것을 최고로 치고, 여러 가지 이유로 전분이나 밀가루를 섞기도 하지만 그래봐야 소량일 뿐이다. 메밀로 반죽해 뽑은 면은 시간이 지나면 쉽게 부서지기 때문에 제대로 된 냉면집은 주문이 접수된 다음에야 제면에 들어가는데, 면을 만드는 데는 수백만 원짜리 기계가 필요하다.(가정용으로 나온 수십만 원짜리 제품도 있긴 하던데, 과연 제맛이 날까?) 내가 백종원 님이 아니므로 확신할 수는 없지만, 전 세계의 수많은 음식 중에서 평양냉면처럼 '집에서 만들기 어려운' 것은 없는 듯하다.(봉지를 뜯어서 면만 삶은 다음 별도 포장된 육수를 붓기만 하면 끝나는 대기업 제품이 있지 않냐고? 혹시 T세요?)

이처럼 독특한 음식인 평양냉면은 마니아가 아주 많다. 주 1회 이상 평양냉면을 먹는 사람도 적지 않고, 성지순례 하듯 전국의 유명 냉면집을 탐방하며 '도장 깨기'를 즐기는 사람도 많다. 여기가 최고다 저기가 최고다 다투기도 하고, 이렇게 먹어야 한다 저렇게 먹어야 한다 가르치는 행위를 일컫는 '먼스플레인'이라는 신조어도 생겨났다.

평양냉면 마니아들에 비하면 나는 명함도 못 내밀 정도이지만, 내가 좋아하는 평양냉면집은 제법 많다. 우래옥은 당연히 포함되고, 능라도, 정인면옥, 진미평양냉면 등도 좋아하는 곳들이다. 냉면전문점은 아니지만 벽제갈비나 봉피양의 평양냉면도 훌륭하다.(을밀대는 왜 없냐며 화내는 분들의 목소리가 벌써 들리는 듯하다.) 그중에서도 가장 좋아하는 집은, 앞에서 이미 고백했듯이, 필동면옥이다. 누군가 나에게 '가장 좋아하는 평양냉면집'을 묻는다면 1초의 망설임도 없이 필동면옥이라고 답할 것이다. 그러나 만약 그 질문이 '한국 최고의 평양냉면집은 어디라고 생각하느냐'라면, 나의 답은 필동면옥이 아니라 우래옥으로 바뀐다. 필동면옥이 내가 사랑하는 맛집이라면, 우래옥은 내가 존경하는 맛집이다.

우래옥은 평양냉면을 좋아하는 한국인이라면 모르기 어려운, 평양냉면 대표 맛집이다. 1946년에 처음 문을 열었으니, 이제 곧 창업 80주년을 맞게 되는 노포다. 개업 당시에는 이름이 서북관이었고, 한국전쟁 중에 잠시 문을 닫았다가 전쟁이 끝난 후

다시 문을 열면서 지금의 이름을 갖게 되었다고 한다. '다시 돌아온 집'이라는 뜻과 '또 오고 싶은 집'이라는 중의적인 의미가 있을 듯하다. 우래옥의 평양냉면은 동치미 국물을 섞지 않고 소고기만을 사용하여 육향이 강한 편이고, 필동면옥 등에 비하면 간도 조금 세다. 그래서 나는 필동면옥을 더 좋아하지만, 우래옥의 냉면도 한동안 먹지 않으면 금단 증상이 나타나 '을지로 갈 때 됐다'는 환청이 들리는 건 마찬가지다.

우래옥에서 평양냉면 못지않게 훌륭한 메뉴는 역시 불고기다.(이유는 잘 모르겠지만, 냉면만 주문하면 선불, 고기까지 주문하면 후불이라는 특이한 방식을 채택하고 있다.) 고기의 품질이나 양념 맛이나 불판이나 밑반찬이나 굽는 기술 등 모든 면에서 나는 우래옥의 불고기가 한국 최고라고 생각한다. 하지만 내가 우래옥을 '존경'까지 하는 건 냉면이나 불고기의 맛 때문만은 아니다. 우래옥이 손님을 대하는 '태도'기 정말 존경스럽기 때문이다.

우래옥은 언제나 사람이 많다. 주말의 피크 타임에는 한 시간 이상 기다려야 하는 것이 보통일 정도니까.(주말엔 아무리 일찍 가도, 즉 식당이 문을 여는 시간보다 일찍 도착해도 웨이팅을 해야 할 때가 있다.

더 일찍 오는 사람들이 많아서다.) 그럼에도 불구하고, 나는 우래옥에서 직원들이 손님을 재촉한다는 느낌을 받은 적이 단 한 번도 없다. 나는 우래옥을 수십 번 이상 방문했고, 그때마다 손님이 바글바글했지만, 오랜 기다림 끝에 안내받은 테이블로 이동할 때 천천히 걸어가곤 했다. 왜냐고? 그래도 되는 분위기니까. 물론 직원들은 제법 바쁘게 움직인다. 그러나 직원들의 걸음 속도를 인사고과에 반영하는 게 아닐까 싶을 정도인 다른 맛집들에 비하면 느리다. 테이블을 치우는 데도 특별히 서두르는 느낌이 없다. 그릇들 부딪치는 소음이 적게 생긴다. 음식이 담긴 그릇을 던지듯 내려놓는, 빈 그릇들을 치울 때는 실제로 던지는, 그렇게 바쁜 티를 내는, '기다리는 손님들 보이지? 얼른 먹고 일어나'라는 무언의 압박을 주는 식당들이 얼마나 많은가.

또 우래옥은 유난히 테이블이 큰 편이고, 그 흔한 2인용 테이블은 아예 없다. 네 명이나 여섯 명이 앉을 수 있는 테이블이 대부분이지만, 함께 온 손님의 숫자와 테이블 크기를 억지로 맞추려는 인위적인 노력도 보이지 않는다. 가령, 먼저 온 네 명 그룹과 나중에 온 여섯 명 그룹이 있는데 6인용 테이블이 비었을 때, 제법 많은 식당이 그러는 것처럼 네 명 손님을 조금 더 기다리게 하고 여섯 명 손님을 먼저 앉히지 않는다는 뜻이다.(내가 우래옥에 공문을 보내 이와 관련된 회사의 방침을 확인한 것은 아니지만, 매우 여러 번 방문하며 관찰한 바로는 그랬다.)

특히 인상적인 것은 혼자 온 손님에게도 기꺼이 4인용 테이블을 제공한다는 것이다. 2인용 테이블이 아예 없으니 그런 것일지 모르지만, 이 정도 인기 있는 맛집 중에는 (최소한 특정 시간에는) 1인 손님을 안 받는 곳이 많고, 혼밥 손님을 위한 길쭉한 테이블을 벽에 붙여놓는 식의 방법을 택하는 곳도 많지 않나.(웨이팅 순서가 바뀌는 경우는 계단을 올라가기 어려워 반드시 1층 테이블이 필요한 손님 말고는 잘 없는 듯했다.)

더 놀라운 사실 한 가지. (어쩌면 우래옥에서 이 사실은 숨기고 싶을지도 모르겠지만) 혼자 온 손님에게는 불고기를 1인분도 판매한다는 것이다.(물론 여러 명이 와서 냉면을 시키며 불고기를 1인분만 주문하는 건 안 된다.) 실제로 나는 이런 장면을 목격한 적이 있다. 칠십대 혹은 팔십대로 보이는 노인이 혼자 테이블에 앉은 다음 평양냉면 하나, 불고기 2인분, 소주 한 병을 주문했는데, 직원이 "어르신, 불고기 2인분 너무 많지 않으시겠어요? 1인분도 해드릴 수 있어요"라고 안내하는 것이 아닌가. 하지만 그 손님은 괜찮다며, 그냥 2인분을 달라고 했다. 분명 먹방 유튜버도 아니었고 대식가로 보이지도 않았는데, 왜 혼자서 2인분을 주문했을까. 혼자서 큰 테이블을 차지하고 앉은 것에 대한 미안한 마음이 아니었을까? 손님의 마음도 따뜻하고, 미안한 마음 느끼지 않아도 되니 1인분도 해드리겠다는 가게의 마음도 따뜻하게 느껴졌다.(그때 나는 냉면만 먹고 있었는데, 자리를 옮겨 어르신을 '도와드리고' 싶은 마음이 간절했지만 참았다.)

우래옥에서는 혼자 오는 손님을 종종 보게 되는데, 한결같이 나이가 꽤 지긋한 편이다. 못해도 30년, 어쩌면 60년 동안 '또 찾아오곤' 했을 것 같은 느낌. 그분도 오래전에는 가족이나 친구들과 함께 방문했을 텐데, 지금은 같이 올 사람이 없어진 거겠지?(남성 어르신이 혼자 온 경우는 자주 봤는데, 여성 어르신이 혼자 온 경우는 아직 한 번도 못 봤다. 여러 이유가 있겠지.)

이런 곳이니, 주차장 풍경도 여느 식당과 똑같지는 않다. 우래옥의 주차장은 식당 규모에 비하면 정말 엄청나게 넓다. 하지만 방문하는 차량이 워낙 많아서, 벽돌쌓기 하듯 넣었다 뺐다를 반복해야 한다. 당연히 입차와 출차를 도와주는 주차요원들도 여러 명이다. 하지만 툭하면 '마비' 상태에 빠지기도 하고, 입차에만 30-40분 이상 걸리는 경우도 많다. 그래도 뭔지 모르게 주차요원들은 느긋해 보인다.(어차피 주변 골목길까지 막혀서, 뛰어다닌다고 차가 빨리 빠지는 것도 아니다.) 물론 모두가 그 난리의 현장을 눈으로 보고 있으니 불평하는 사람은 없다. 주차장이 워낙 넓으니, 주차장이 좁다고 시비를 걸기도 어렵다. 또, 주차 요금은 무료다. 강남의 레스토랑들처럼 발레파킹 비용을 5천 원쯤 받으면 대중교통을 이용하는 손님이 늘지 않을까 싶기도 한데(지하철역에서 그리 멀지도 않으니), 이런 시스템을 선택한 이유가 있으려니 짐작할 뿐이다. 아마도 손님 중 꽤 높은 비율을 차지하는 고령자를 배려한 조치가 아닐까? 어쩌면 큰 고생 한번 하고 나면 다음엔 지하철 타고 오지 않을까 하는 큰 그림?

우래옥은, 한마디로 말하자면, 손님이 다시 찾게 하려면 어떻게 해야 하는지를 정확히 알고 실천하는 음식점이다. 맛있는 음식과 함께, '손님을 배려한다'는 느낌을 주는 곳이다. 80년을 살아온 사람의 처지를 이해하는 80년 된 가게. 여든 살 먹은 노인이 불편한 몸을 이끌고 우래옥까지 찾아온 마음을 헤아릴 줄 아는 식당이라서 이렇게 오랫동안 번창하고 있는 게 아닐까.

우래옥에서 더 많은 매출을 올리려고 마음만 먹으면 불가능하진 않을 것이다. 회전율을 높이기 위해 여러 가지 꼼수를 쓸 수도 있고, (늘 손님이 별로 없는 듯했던) 옆 가게를 인수하여 별관을 만들 수도 있고, 직원과 장비를 확충하여 같은 시간에 더 많은 음식을 만들 수도 있다. 하지만 모르긴 해도, 그러면 절묘하게 맞춰져 있는 '균형'이 깨질 위험이 있다. 줄 서서 먹던 인기 맛집이 작은 욕심을 부리다가 한순간에 손님의 발길이 뚝 끊기는 사례를 아주 많이 보았다. 우래옥은 그런 욕심을 부리지 않아서 좋다.

가정에 가풍이 있고 기업에 기업문화가 있고 나라마다 고유의 문화가 있는 것처럼, 음식점에도 문화라는 것이 있다. 그 문화는 구성원들이 함께 조금씩 만들어가는 것이지만, 아무래도 리더의 역할이 특히 중요할 텐데, 나는 우래옥이 유지해가는 그 문화는 분명히 창업주부터 시작해 우래옥을 이끌어온 여러 리더들의 지향에서 비롯된 부분이 크리라 생각한다. 우래옥에 대해서만 길게 말했지만, '존경'받아 마땅한 음식점들은 곳곳에 제법 있다.

내가 아주 많이 나이를 먹은 다음에도 우래옥에 (이왕이면 지하철 타고) 갈 수 있을 만큼 건강하면 좋겠다. 냉면과 함께 불고기까지 주문할 수 있을 정도로 주머니도 넉넉하면 좋겠다. 그리고 무엇보다 함께 그 맛을 즐겨줄 친구들이 여럿 있으면 참 좋겠다. 우래옥이 나보다 오래 살아남기를 바란다.

미식가에게 필요한 덕목

오래전, 모 의과대학에서 교육과정 개편에 관한 심포지엄을 열었을 때, 발표자로 초대받은 적이 있다. 내가 요청받은 주제는 '의과대학에서 이런 것도 교육하면 좋겠다고 생각하는 것'이었다. 가르치고 배워야 할 내용이 정말 무지막지하게 많은 의과대학에서는 무엇을 어떻게 교육할 것인지가 늘 고민이다. 각 과의 교수들 모두가 자기네 과목에 배정된 수업이나 실습 시간을 더 늘려야 한다고 주장하는 와중에, 새롭게 등장한 주제들(예를 들면 인공지능의 활용이나 정밀의학 등)이나 과거엔 이런저런 이유로 제대로 교육하지 못했던 내용들(예를 들면 인문사회의학이나 의료윤리)을 반드시 가르쳐야 하니 기존 과목에 배정된 시간을 줄여야 한다는 주장도 있다. 심지어 스스로 공부하고 연구하는 습관을 들여야 하니 수업이나 실습의 총 시간을 줄이고 학생들에게 자율 시간을 더 많이 부여해야 한다는 의견도 있는데, 실제로 최근에는 이런 방향으로 바뀌고 있다. 자율 시간을 주면 놀지 않겠냐는 우려가 당연히 있었지만, 의대생들은 (극히 일부를 제외하고는) 대부분 그 시간에 스스로 공부를 한다.

주최 측에서 나에게 어떤 걸 기대했는지는 확실하지 않다. 하지만 의학교육 전문가도 아니고 대학에 몸담고 있지도 않은 외부인인 나를 초청한 것을 보면, 단지 희망 사항에 그칠지라도, 뭔가 참신하고 기발한 관점을 제시해달라는 의미일 가능성이 컸다. 그래서 나는 다음 세 가지를 의대생들에게 가르치면 좋겠다고 말했다. 체육, 연극, 그리고 요리.(이것들을 의대생에게 가르치면 어떤 효과를 기대할 수 있는지를 무려 30분 동안 발표했다!)

당연히 현실성이 없고, 실제로 반영되지도 않았다. 하지만 나를 초청한 학장님을 비롯한 관계자들은 '좋은 발표'였다는 반응을 보였다.(물론 인사치레였을 가능성이 있다. 쟤 누가 불렀어? 왜 불렀어? 이렇게 생각한 청중도 있었을지 모르겠다.)

체육은, 신체를 단련하는 시간을 강제로라도 갖게 한다는 면에서도 중요하지만 '운동하는 습관'을 들이는 기회를 준다는 측면에서 특히 중요하다. '버릇'은 일찍 형성되는 것이니, 중고등학교에서부터, 이왕이면 초등학교 때부터 체육 시간은 충분히 많아야 한다.(나는 학창 시절에 이런 기회를 받지 못하여, 지금도 운동 없는 삶을 살고 있다. 참 좋은 핑계이긴 하다. 그런데 더 놀라운 건, 요즘 초등학생들은 내가 어릴 때만큼도 체육 수업을 못 받는다는 사실이다. 체육은 독립된 과목도 아닌 데다 수업 시간은 1, 2학년 때만

연간 40시간에 불과하다. 교육부에서 올해부터는 연간 72시간으로 두 배 가까이 늘리기로 했다는데, 지켜볼 일이다. 일본의 경우 초1부터 중3까지 9년 내내 연간 100시간 내외의 체육 시간이 배정되어 있고, 미국, 프랑스, 독일 등도 우리보다 훨씬 많다.)

운동이 신체적·정신적 건강을 증진시킨다는 것은 과학적으로도 확실한 근거가 있는 사실이고, 의사들이 날마다 환자들에게 하는 말이기도 하다. 물론 운동을 (환자들에게 권유하는 것만큼, 혹은 그 이상) 하는 의사도 적지 않지만, 운동하는 시간보다 '운동을 좀 해야 할 텐데'라고 생각하는 시간이 더 긴 의사가 많지 않을까?

체육 활동은 몸에 좋을 뿐 아니라 정신 건강 유지에도 큰 도움을 준다. 스트레스, 우울과 불안을 줄이고 뇌 기능도 향상시킨다. 거의 만병통치약이다. 뻗치는 기운을 발산할 곳이 없어서 여러 가지 나쁜 행동에 빠지게 되는 청소년이나 청년 시절에 운동하는 습관을 들이면, 질풍노도의 시기를 잘 보내는 데 도움이 되는 것은 물론이고 '미풍노쇠'의 시기를 최대한 미루거나 잘 견디는 데는 더 큰 도움이 될 것이다.

물론 나도 몰랐다. 체육 시간에 '빡세게' 운동

시키는 선생님을 싫어했고, 체육 시간이 자습 시간으로 바뀌면 좋아했다. 매일 8교시까지 (공강도 하나 없이) 수업이 이어지는 의대생 시절, 일주일에 이틀쯤 9교시가 체육이었더라면, 이게 뭐 하는 짓이냐며 학생 인권 운운했을지도 모르겠다. 하지만 앉았다 일어나려면 '아이고' 소리가 절로 나오는 나이가 되고 보니 알겠다. 국어 영어 수학 과학 국민윤리 시간을 줄이고 체육 시간을 늘리는 정책이 필요했음을.

운동의 중요성을 누구보다 잘 알고, 매일 환자들을 설득하여 더 많은 운동을 하게끔 유도해야 하는 직업이 의사이니, 그 세 가지 중에서 체육은 그래도 가장 쉽게(?) 받아들여질 수 있는 과목일 텐데, 내가 아는 한 국내의 어느 의대 교육과정에도 포함되어 있지 않다.(물론 외국의 사례도 알지 못한다.)

연극은, 학창 시절에 약간의 경험이 있을 뿐이지만, 인생을 살아가는 데 여러모로 도움이 된다. 우선 신체 훈련 과정에서 꼭 필요한 동작만 남기고 불필요한 것은 제거하는 연습을 하게 되며, 시선 처리나 표정 짓기를 자연스럽게 하는 방법도 익힌다. 말로 하는 커뮤니케이션보다 더 중요한 비언어적 커뮤니케이션 기술을 연마하는 것이다. 또한 기본적으로 여러 사람의 공동 작업인 만큼 팀워크의 중요성도 체험할 수 있다. 무대 위의 배우가 빛나기 위해서는 보이지 않는 곳에서 일하는 많은 이들의 협력과 헌신이 반드시 필요하다는 사실도 깨닫게 된다. 연극 속의 캐릭터를 표현하는 과정에서, 관객의 공감을 이끌어내려 노력하는 과정에서, 다른 사람의 마음을 이해하는 연습도 할 수 있다.

의사에게 지식이나 기술 못지않게 중요한 것이 의사소통 능력 아닌가. 또한 병원에서 대체로 주인공 역할을 맡게 되어 조연이나 단역의 처지를 잊기 쉬운 것이 의사라는 직업의 특성이니, 의료 행위가 의사 외에 수많은 직종들의 업무가 잘 조화를 이룰 때 성공적으로 목표를 달성한다는 것도 의사가 늘 염두에 두어야 할 사실이다. 환자나 보호자의 애타는 마음을 조금이라도 더 헤아려야 하는 것은 두말할 필요도 없고.

요리는, 직업적 성취의 측면에서나 개인적 행복의 측면에서나, 누구든 어느 정도 해보는 것이 필요하다고 생각한다. 한 번도 시도해보지 않은 사람에게 요리는 엄청나게 어려운 일일지 모른다. 하지만 재료를 마련하고 다듬어 레시피를 따라 하나씩 단계를 밟아가다 보면 어느새 (그럭저럭) 먹을 만한 음식이 만들어지는데, 이 과정에서 작은 성취감을 맛볼 수 있다. 뜻대로 안 되는 경우도 많지만, 그 실패에서도 뭔가를 느낄 수 있는 건 마찬가지다. 물론 '아무 생각 없이' 주어진 레시피만 따라간다면 실패에서 배우는 것이 없을 것이다. 그러나 최소한의 목표와 약간의 애정만 있다면, 왜 이런 순서를 따르는 것이 좋은지, 왜 이런 방법을 써야 하는지를 생각하면서 경험을 쌓고, 그렇게 작은 성공과 실패를 반복하다 보면 요리 실력은 반드시 좋아지기 마련이다.(더 맛있는 음식과 더 큰 성취감을 맛볼 수 있다.)

또한 요리는 초보 단계만 벗어나면 창의력을 맘껏 발휘해볼 수 있다. '이렇게 해야 맛있다'라는 규칙은 수도 없이 많지만, 그 규칙을 지키지 않아도 결과만 좋으면(혹은 나쁘지만 않으면) 얼마든지 새로운 시도를 해도 되니까. 자신의 입맛에 맞게, 혹은 그 음식을 먹을 누군가의 선호에 맞게, 특정한 양념을 변형하거나 특별한 재료를 추가하는 것은 '허용'의 범위를 넘어 '권장'되는 일이다. 음식 만들기에서 창의력을 발휘하는 것은 파인 다이닝 레스토랑의 셰프에게만 해당되는 일이 아니다. 이렇게 하면 안 돼? 이걸 이렇게 해보면 어때? 여러 생각을 실천하다 시행착오를 겪기도 하겠지만, 생길 수 있는 최악의 결과라고 해봤자 '음쓰'가 많이 나올 뿐이니, 인생에서 요리보다 '도전'하기 쉬운 분야는 별로 없다. 그리고 창의력과 도전 정신은 공부하고 연구하고 논문 쓰는 사람들에게도 반드시 필요한 덕목이다.(모든 걸 다 떠나서, 모름지기 사람은 자기 먹을 것은 스스로 준비할 줄 알아야 한다고 생각한다. 밥상 차리는 게 힘든 걸 체험해봐야 음식 만들어준 사람에게 고마워할 줄도 알게 되고.)

체육과 연극과 요리. 이 세 가지는 사실 의사 아니라 그 누구에게라도 좋은 경험이겠지만, 그중에서도 특히 요리 경험은 미식가에게 필수라고 해도 과언이 아니다. 채소를 씻고 다듬어봐야, 도마에 놓인 무언가를 썰고 다져봐야, 날카로운 칼에 손을 베어보고 뜨거운 기름에 화상도 입어봐야, 지지고 볶고 튀기고 삶아봐야, 그 맛있고 아름다운 음식이 우리 앞에 놓이기까지 얼마나 복잡하고 어려운 과정을 거치는지 실감할 수 있다.(그리고 산더미 같은 설거지도 직접 해봐야, 손님이 떠난 후에도 셰프의 노동은 끝나지 않는다는 걸 알 수 있고.)

꽤 긴 시간 동안 매우 큰 노력을 기울였음에도 불구하고 죽도 밥도 아닌 어설픈 음식이 되고 마는 좌절을 겪어봐야, 셰프라는 직업이 결코 만만한 것이 아님을 체감할 수 있다. '이븐'하게 익히는 것이 얼마나 어려운 일인지, 음식에 '킥'을 준다는 것은 얼마나 까다로운 과제인지, 셰프의 '의도'라는 게 음식에 제대로 표현되는 것은 또 얼마나 난해한 숙제인지, 뭐라도 직접 만들어봐야 깨달을 수 있다. 그래서 요리 경험을 통해 미식가에게 주어지는 가장 중요한 것은 사실 음식이나 조리 과정에 대한 지식이라기보다는 셰프를 존중하는 마음일지도 모른다.

    메이저리그 야구 중계를 많이 본다고 해서 야구를 잘하게 되는 건 아니다. 음악회에 많이 간다고 해서 악기 연주를 잘하게 되는 것도 아니다. 영화를 많이 본다고 해서 좋은 영화를 만들 수 있지도 않다. 무언가를 많이 본다고 해서, 다른 훈련이나 연습 없이 오로지 그것만으로, 작품을 직접 만들고 높은 경지에 도달할 수는 없다. 그런 분야는 없다.(굳이 찾아본다면 독서가 그나마 가능성이 큰 행위이지 싶다.)

    미식을 제대로 즐기기 위해서는 당연히 세상에 존재하는 수없이 많은 음식을 맛보아야 하고, 미지의 음식에 대한 끝없는 호기심을 유지해야겠지만, 그보다 더 중요한 것은 다양한 음식을 직접 만들어보며 여러 재료들이 섞이면서 어떤 풍미가 생기는지, 조리 방법의 변화가 어떤 결과의 차이로 귀

결되는지를 느껴보는 일이다. 요리를 많이 해본 사람만이 '맛있다'를 넘어 '굉장하다'라는 감탄사까지 쓸 수 있다.(나는 아직 '훌륭하다' 정도의 감탄사까지만 써보았다.)

하지만 아무리 요리를 많이 해본들 최고 수준의 셰프들이 펼치는 신묘하고도 화려한 초식들을 눈과 코와 혀로만 온전히 감상하는 것은 불가능에 가깝다. 그래서 파인 다이닝을 표방하는 식당들은 음식을 하나 내올 때마다 어떤 재료로 어떻게 만들었는지를 자세히 설명하는 것이다.(가끔은 '의도'까지 설명한다. 설명을 들은 다음에 고개를 갸웃하게 될 때도 있지만.) 단순히 '우리가 이렇게 고생해서 만들었다'고 생색을 내려는 것이 아니라 그 음식을 맛보는 손님이 눈에 안 보이는 셰프의 아이디어와 더 눈에 안 보이는 셰프의 의도까지 이해한 다음 그 '작품'을 완벽하게 감상하기를 바라는 마음에서다. 미술관에서 도슨트의 설명을 들으면 눈앞의 작품이 훨씬 매력적으로, 한층 강렬하게 다가오는 것과 같은 이치다.

실제로 세계 최고 수준의 레스토랑들은 각각의 음식을 설명할 때 정말 진심을 다한다. 재료의 원산지(직접 텃밭에서 재배했다거나 '로컬' 재료만 사용했다거나, 정반대로 최고의 재료를 지구 반대편에서 공수해 왔다거나)를 밝히기도 하고, 육류나 생선을 며칠 혹은 몇 시간 숙성시켰는지 구체적으로 알려 주기도 하고, (들어도 언뜻 이해되지 않는) 복잡한 조리 과정을 나열하기도 하고, 특별한 플레이팅에 (과도한) 의미를 부여하기도 한다. 주로 담당 서버가 그 역할을 담당하고 가끔 (가장 근사한 요리에 대해서는) 셰프가 한 번쯤 등장하여 설명하는 식당이 대부분이지만, 어떤 곳은 음식이 하나 나올 때마다 매번 그걸 만든 셰프가 직접 와서 (자부심 가득한 표정으로) 설명하기도 한다.

    그런 의미에서, 국내의 파인 다이닝 레스토랑들이 음식에 대한 설명을 좀 더 열심히 하지 않는 것은 좀 아쉽다. 아르바이트 직원으로 보이는, 즉 음식에 대한 지식이나 애정이라곤 전혀 느껴지지 않는 사람이 와서 벼락치기로 암기한 내용을 대충 늘어놓는 곳에서는 손님도 그 음식에 대한 매력을 느끼기 어렵다. 그런 설명을 귀찮아하는 손님도 적지 않아서, 혹은 무조건 '빨리빨리'를 추구하는 나라라서 그럴지도 모르지만, 설명을 지나치게 간략히 하거나 너무 빠른 속도로 다다다 읊은 다음 (질문할 기회도 주지 않고) 곧바로 돌아서는 서버들도 많다. 낯선 재료나 모르는 조리법 이름이 들려서 그게 뭐냐고 물었을 때 제대로 답변을 못 하는 분들도 꽤 있다.(눈도 안 마주치고 미소도 짓지 않은 채 허공에 대고 몇 마디 하는 분들도 있는데, 그럴 거면 차라리 인쇄된 설명서를 주고 가는 게 어떨까 싶기도 하다.)

외국의 유명 식당을 갔을 때 언어 장벽 때문에 그 설명을 100퍼센트 알아듣지 못하고 대충 고개를 끄덕이는 걸 생각하면, 한국의 유명 식당에서, 남부러울 것 없는 수준의 한국어를 구사하는 내가, 음식에 대해 충분히 만족할 만한 설명을 듣지 못하는 것은 안타까운 일이다.

미식가란 '음식에 대해 특별한 기호를 가진 사람 또는 좋은 음식을 찾아 먹는 것을 즐기는 사람'으로 정의되어 있다. 미식가라고 부르든 맛집 러버라고 부르든, 음식을 먹을 때 굳이 시시콜콜 따지면서 공부하듯 접근할 필요는 없을 것이다. 그러나 영화든 소설이든 그림이든 심지어 축구 경기든, 그 배경이나 뒷이야기를 알고 보면 더 재미있는 것처럼, 미식 월드에서도 음식에 대한 각종 '스토리'까지 알게 되면 그 경험이 주는 즐거움은 확실히 커지는 것 같다.

그러니 미식가에게 꼭 필요한 덕목 중의 하나

는 어쩌면 '어휘력'이 아닐까. 세상의 온갖 재료들의 이름, 다양한 조리법의 이름, 오랜 전통을 가진 각 나라의 유명한 음식 이름 등을 많이 알면 알수록 메뉴판을 읽을 때나 셰프의 설명을 들을 때 훨씬 유리하니까 말이다.

    요즘은 외국의 맛집을 찾아가는 사람들도 많다. 그런 분들에게 권하고 싶은 게 두 가지 있다. 하나는 그 나라의 전통 시장이나 대형 슈퍼마켓을 미리 방문해보라는 것. 어떤 재료가 많은지, 그것들의 이름은 무엇인지, 한국에서는 보기 힘든 양념류나 가공식품은 뭐가 있는지 대략 살펴보는 것만으로도 충분하다. 다른 하나는, 쿠킹클래스에 참여해보는 것이다. 현지의 다양한 여행 프로그램을 소개하는 사이트에서 쉽게 찾을 수 있다. 선생님과 함께 장을 본 후 몇 가지 음식을 만들고, 자신이 만든 음식을 먹는 순서로 구성되는 것이 보통인데, 꽤 재미있고 크게 비싸지도 않다. 말이 잘 통하지 않아도 가능하다. 대충 눈치로 따라갈 수 있고, 도저히 안 되겠다 싶은 순간엔 선생님이 나타나서 해결해준다. 기껏 만들었는데 못 먹을 정도로 맛이 없으면 어떡하냐고? 여간해서 그런 일은 생기지 않는다. 까다로운 음식은 거의 밀키트 수준으로 준비되어 있기 때문에, 본인이 만든 음식이 입에 맞지 않을 수는 있어도 아예 망하기는 쉽지 않다. 사진 말고는 별로 남는 것도 없는, 때로는 사진을 봐도 건물 이름조차 떠오르지 않는, 가이드북을 보기 전까지는 존재조차 알지 못했던 궁궐이나 공원 같은 곳 하나만 포기하면 된다. 단, 쿠킹클래스에서 직접 만든 음식이 너무 맛있어 감동한 나머지, 슈퍼마켓에서 관련 재료를 잔뜩 구입하는 것은 비추다. 집에 와서 다시 해보면 그 맛이 안 난다. 앞에서 말했듯이, 그게 맛있었던 진짜 이유는 '중요한 부분'은 전부 선생님들의 솜씨이기 때문이다.

몇 년 전, 나는 대학병원 이비인후과를 찾아간 적이 있다. 후각이 너무 무뎌지는 것 같은 느낌을 받았기 때문이다. 후각 상실이 초기 증상으로 나타나는 심각한 질병들도 있으려니와, 무슨 이유든 후각 상실은 조기에 치료해도 잘 낫지 않는 경우가 많고, 치료 시기를 놓치면 영원히 회복되지 않기 때문에 걱정이 컸다. 간단한 문진 이후, 건강보험 적용이 되지 않아 십몇만 원을 내야 하는 후각 검사를 거의 한 시간 동안 받은 다음, 의사를 다시 만났다. 뇌 MRI를 찍어보자거나 콧속으로 내시경을 집어넣자고 하면 큰일인데, 라고 생각하며 긴장한 채.

그런데 의사는 "정상이신데요?"라고 말하는 것이 아닌가. 나는 항변(?)했다. 아니라고, 진짜 많이 후각이 감퇴했다고. 옛날에 비해 후각이 너무 떨어져서 사는 게 불편하고 걱정된다고. 의사가 웃으며 말했다. "과거에는 유난히 좋으셨던 모양이네요. 원래 나이가 들면 후각도 조금씩 둔해집니다. 선생님 연세를 고려하면 여전히 평균 이상이십니다." 다행이긴 한데, 기분이 나빴다. 심지어 연세라니.(그곳이 연세의료원이긴 했다.)

그렇다. 미식가에게 가장 중요한 덕목은 건강일 수도 있다. 멀리 있는 식당까지 스스로 찾아갈 수 있는 건강. 좋은 음식의 맛과 향을 온전히 느낄 수 있는, 예민한(젊은) 감각. 더 오랫동안 미식가로서의 기쁨을 누리려면 건강 관리를 잘해야 한다. 체육, 연극, 요리, 셋 중에 제일은 역시 체육이었던 것이다.(이런 생각을 하면서 지금부터라도 운동을 하겠다고 마음먹는 대신, 더 나이 먹기 전에 더 많은 맛집을 바쁘게 찾아다녀야겠다고 결심하는 것 좀 보라지. 쯧쯧.)

맛집, 어디까지 가봤니?

사실 나는 몇 년 전에 '아무튼' 시리즈의 필자가 될 뻔했다. 친분이 있는 작가나 출판 관계자 몇 명이 '아무튼' 시리즈 한 권 써보라고 부추겼기 때문이다. 하지만 얼른 떠오르는 키워드가 없었다. 나는 원래 무엇 하나에 깊이 몰입하는 편이 아니고, '덕질'과도 별로 관계가 없는 인간이라서다. 여러 방면에 두루 관심이 있고 나름 박학다식하다는 이야기를 듣긴 하지만, 그때의 박이 '넓을 박(博)'인 동시에 '얇을 박(薄)'이기도 한 것이 사실이다.(저널리스트에게는 어울리는 성향이다.)

그러던 중에 코로나19 팬데믹이 우리를 덮쳤고, 그제야 나는 깨달았다. 나도 '아무튼' 이름이 붙은 책 한 권 쓰는 데 충분할 정도의 이야깃거리를 가진 분야가 있다는 것을. 그건 '여행 준비'였다. 내 취미는 여행 준비다. 여행도 물론 좋아하지만, 여행 준비 자체를 즐긴다. 구체적인 여행 계획이 잡혔을 때만 준비를 열심히 하는 게 아니라, 평소에도 틈만 나면 세계지도를 보고 여행 관련 책을 읽고 나만의 여행 루트를 짠다. 계획은 다 짰으나 아직 실행에 옮기지 못한 여행이 부지기수다.(그중 대부분은 결국 못 가고 말겠지만, 괜찮다. 언젠가 진짜 갈지도 모르지만, 못 가면 좀 어떤가. 꿈꾸는 것만으로도 즐거웠으면 됐지. 준비한다고 해서 이뤄지는 일이 인생에 뭐 그리 많다고.)

여행 준비라는 취미를 가지면, 어쩌다 떠나는 여행이 더욱 즐거워지고 추억이 훨씬 풍성해지는 것 외에도 여러 장점이 있다. 내가 어떤 사람인지 잘 알게 되고, 화제가 풍부해지며(내가 할 이야기도 많아지지만, 상대방이 많은 말을 하도록 만드는 데는 더욱 탁월한 효과가 있다), 내가 사는 나라나 도시에 관한 새로운 시각도 얻을 수 있고, 가보지 않은 곳에 대해서도 뭔가를 말할 수 있게 된다. 피에르 바야르가 쓴 『여행하지 않은 곳에 대해 말하는 법』이 출간됐을 때, 나는 '나 같은 사람이 또 있구나'라고 생각했다.(그 책을 읽지는 않았다. 나는 이미 그 방법을 알고 있으니까.)

내가 술자리에서 친구들에게 들려줬을 때 반응이 가장 좋았던 여행 혹은 여행 준비 관련 이야기만 정리해도 '아무튼, 여행 준비' 출간에 필요한 분량은 차고 넘친다고 생각하여, 며칠 동안 무슨 이야기를 쓸 건지 목록을 만들었다. 그랬더니, 너무 차고 넘쳤다. 짧게 쓴다고 해도 '아무튼'이 원하는 평균 분량의 두 배쯤이었으니까. 그래서 결국 나는 '아무튼'의 필자가 되는 영광을 (그때는) 누리지 못했고, 대신 '여행준비의 기술'이라는 책을 썼다. 추천사를 무려 여덟 분이나 써주셨는데, 〈손에 잡히는 경제〉의 진행자인 이진우 기자(요즘은 삼프로TV의 '이프로'로 더 유명하지만)의 그것이 가장 맘에 들었다. "정중하지는 않지만 무례하지도 않고 예리하지만 집착이 없다. 사실 이 책은 여행서를 빙자한 자서전 같기도 한데, 그럼에도 불구하고 강력 추천하는 이유는 매우, 대단히, 몹시 재미있기 때문이다. 꼭 사서 읽으시면 좋겠다. 저자가 인세로 돈맛을 좀 보면 얼른 한 권 더 써주지 않을까 싶어서다."

돈맛을 못 보아서 아직 속편 계획은 없다. 하지만 우연인 듯 필연인 듯 흘러가는 게 인생이라, 『여행준비의 기술』을 쓰는 바람에 (불과 몇 명일 뿐이지만) 나를 '한국의 빌 브라이슨'이라 불러주는 사람이 생겼고, 한국 여행을 준비하는 외국인들을 타깃으로 하는 『K를 팝니다』를 (일단 한글로) 썼고, 그 원고에 큰 관심을 보인 번역가 선생님이 7개월 후에나 작업을 시작할 수 있다고 하여 '혹시나' 하는 마음으로 그때 막 우리 앞에 나타난 챗GPT와 딥엘(DeepL)을 활용하여 직접 『Presenting K: All The Korea You May Not See』를 만들었고(한영 통합본, 한글판, 영문판, 세 버전이 모두 출간됐다), 인공지능과 씨름하며 책 한 권을 영어로 번역한 노하우를 책으로 써보라는 제안을 받고 『나의 영어 해방 일지』를 썼다.(그러느라 『아무튼, 맛집』 원고의 완성이 약속했던 것보다 몇 달 늦어졌다.)

애니웨이.('아무튼'이라는 단어가 너무 자주 등장하는 것 같아서 다른 용어를 쓰고 싶었으나 '어쨌든' '하여튼' '여하튼' 등이 썩 마음에 들지 않았다. 문득 궁금하여 아마존에서 검색해보니, 'anyway'가 제목에 포함된 책은 7천 권이 넘는다. 분발하자 위고, 제철소, 코난북스.)

이 책을 구상하면서 큰 문제가 하나 있었다. 몇 년 전에는 '아무튼, 맛집' 같은 책을 쓸 마음이 전혀 없었기에, 『여행준비의 기술』에다 맛집 관련 이야기를 너무 많이 써버렸다는 사실이다. 먹는 걸 빼놓고 여행 이야기를 하는 게 불가능한 일이긴 하지만, 『여행준비의 기술』에 수록된 모든 원고 중에서 최소 20퍼센트는 직간접적으로 맛집에 관련된 이야기였던 것이다.(당연히 내가 가진 맛집 이야기 중에서 가장 재미있는 것들.) 같은 내용을 두 권 이상의 책에 쓰는 건 작가로서 매우 자존심 상하는 일이지만, 어쩔 수 없이 일부는 '재활용'하는 수밖에 없다는 결론을 내렸다.(이 책의 일부, 특히 다음 챕터인 '세계 최고 맛집의 품격'의 절반쯤은 다른 책에 이미 쓴 내용을 재구성한 것이기에 죄송하다는 말인 동시에, 『여행준비의 기술』도 읽어주십사 하는 부탁의 말씀이다.)

내가 맛집에 진심인 것을 아는 주변 사람들은 가끔 이런 걸 묻는다. 맛집, 어디까지 가봤니? 특정 식당을 가기 위해 무슨 짓까지 해봤니? 너 같은 인간은 미슐랭 가이드에서 별 받은 식당을 몇 개나 가봤니? 네가 가본 맛집 중에서 최고는 어디였니?

어디까지 가봤냐면, 내가 가본 모든 나라 모든 도시에서 맛집을 가봤다고, 아니 찾아봤다고 할 수 있겠다. 어느 도시를 갈 때든, 심지어 긴 운전 중 잠깐 들러 점심을 먹게 될 때도, 이왕이면 그곳에서 먹을 수 있는 가장 맛있는 음식을 맛보기 위해 노력하니까.(물론 늘 '성공적'인 것은 아니다. 하지만 나는 그 행위 자체를 '로맨틱'하다고 생각한다.) 그러니까, 스무 개 정도 되는 나라에서 맛집을 가본 셈이다. 한국을 기준으로 가장 먼 곳은 그중 어디일까? 물리적 거리와 시간 거리를 모두 고려하면, 내가 가본 가장 먼 맛집은 멕시코 칸쿤 다운타운에 위치한 '파르케 드 라스 팔라파스(Parque de las Palapas)'라는 이름의 공원 주변에 있는 어느 노점상이라고 해야 할 것 같다. 그곳은 공원이라기보다는 광장에 가까운 장소로, 주변에 음식점이 매우 많았다. 음식점 풍경만 놓고 보면 서울의 광장시장과 비슷한 분위기.(참, 광장시장에는 이름과 달리 광장이 없다. 처음 시장이 생길 때 청계천에 있는 광교[廣橋]와 장교[藏橋] 사이에 있다고 해서 광장시장이라는 이름이 붙었기 때문이다. 한자로도 '廣場'이 아니라 '廣藏'으로 쓴다.) 매우 싼 가격에 타코와 나초와 과카몰레와 세비체를 잔뜩 먹었는데, 미국이나 한국의 멕시코 식당은 물론이고 칸쿤의 리조트에 딸린 고급 식당보다 맛있었다. 마침 내가 방문한 날 저녁에 그곳에서 동네 축제가 열리고 있어서, 싸이의 〈강남스타일〉에 맞추어 수백 명이 말춤을 추는 모습까지 볼 수 있었기 때문에 더욱 즐거웠다.(〈강남스타일〉이 전 세계를 휩쓸고 있던 2012년 연말이었다.)

그 외에도 아주 먼 곳에 있는, 쉽게 가기 힘든 맛집들을 많이 가봤지만, 아직도 나는 배가 고프다. 세계 최남단 도시로 유명한 칠레의 푼타아레나스의 맛집도 가보고 싶고, 전복으로 이름난 호주의 태즈메이니아에 가서 전복도 맛보고 싶고, (막상 가보면 그리 특별하지 않겠지만) 오바마 전 대통령이 사랑했다는 아이슬란드 레이캬비크의 핫도그 맛집도 가보고 싶다.(그곳에 가고 싶은 건지 그곳에 있는 맛집에 가고 싶은 건지는 불분명하다.)

맛집을 가기 위해 무슨 짓까지 해봤냐면, 국제전화를 100통 이상 걸었던 적도 있다.(정확히 말하면 100번 넘게 시도해서 딱 한 번 통화를 한 것이긴 하지만.) 오래전, 일본 도쿄에 있는 이시카와라는 식당에 꽂힌 적이 있는데, 인터넷 예약은 받지 않고 오로지 전화 예약만, 그것도 특정한 시각에만 한두 달 치를 한꺼번에 받는 곳이었다. 나의 일본어 실력은 형편없어서, 내가 원하는 내용이야 미리 준비하면 겨우 말할 수 있지만 상대방의 말을 알아들을 수는 없는 수준이다. 포기할까 했는데, 홈페이지에 영어 예약이 가능한 날짜와 시각이 (영어로) 쓰여 있는 것이 아닌가.(홈페이지도 있는데, 인터넷 예약은 왜 안 되는 걸까.) 일정표에 미리 입력해두고 10분 전 알람까지 설정한 다음, 해당 시각이 되자마자 전화를 걸었다. 통화중이었다. 음, 일본어 못하는 사람이 나 말고도 있을 테니, 누군가 나보다 1초 먼저 전화를 건 것이라 생각했다. 잠시 후 다시 걸었지만 여전히 통화중. 잠시 후에 또 걸어도 또 통화중. 누군가 전화 예약을 충분히 마치고도 남을 만큼 시간이 지났는데도 계속 통화중. 그럼 이건 한두 명이 아니라 일본어 못하는 전 세계의 많은 미식가가 모두 전화를 걸고 있는 상황인가? 그렇게까지 유명한 식당은 아닌 것 같은데…. 시간은 계속 흘렀고, 종료 버튼과 재다이얼 버튼을 번갈아 누르기를 수십 번 반복했으나, 여전히 불통. 이쯤 되면 포기해도 되는데, 세상은 넓고 맛집은 많아서 죽기 전에 반드시 가야 하는 식당 따위는 없다는 것이 평소의 소신이었는데, 슬슬 오기가 생기기 시작했다.

나중에는 조금 어이가 없었다. (인기 있는 식당인 것처럼 꾸미기 위해) 일부러 수화기를 내려놓은 게 아닐까 하는 의심도 생겼다. 몇 번이나 걸었을까(나중에 확인해보니 120번쯤 걸었다), 결국 연결이 됐다. 하지만 돌아온 대답은, (도쿄 여행 일정은 이미 정해져 있으니 내가 갈 수 있는 날은 기껏해야 이틀뿐이었는데) 그날 예약이 모두 찼다는 것이다. 내 목소리에서 큰 실망과 깊은 빡침을 느꼈던 것일까. 상대는 조심스럽게 이런 제안을 했다. 혹시 밤 10시에 식사를 시작해도 괜찮다면 예약을 잡아주겠다고. 아니, 여기가 무슨 스페인이냐고.(스페인은 많은 식당이 저녁 식사 예약을 8시 반부터 받는다.) 조금 일찍 일어나는 손님들이 있으니 실제로는 아마 9시 반쯤 입장이 가능할 거라고도 했다.

결국 나는 그 집을 방문했다. 그날은 일부러

점심을 늦게 먹었고, 9시 반부터 11시 반까지 늦은 저녁 식사를 했다. 당연히 마지막 손님이었고, 오너 셰프를 포함한 여러 스태프의 정중한 배웅까지 받았다. 그렇게까지 해서 갈 만한 가치가 있었냐고? 여러 측면에서 매우 훌륭하긴 했지만, 거의 모든 음식이 '아는 맛'이라 '재미'는 없었다. 매우 비싼 가격(당시 지불한 금액은 기억나지 않지만, 찾아보니 현재 가격은 49,500엔이다)을 생각하면, 다른 사람에게 추천하고 싶은 마음은 전혀 없다.(하지만 그 식당이 위치한 '가구라자카'라는 동네는 구경하는 재미도 있고 괜찮은 맛집도 많아서 방문할 만하다.)

전화 예약을 이렇게나 힘들여서 했던 기억은 별로 없지만, 한밤중이나 새벽에 인터넷에 접속하여 소위 '광클'을 해본 경험은 여러 번 있다. 한 달 혹은 한 시즌 예약을 한꺼번에 특정한 시각부터 받는 음식점들이 있기 때문이다.(BTS 콘서트 티켓 예매나 추석 기차표 예매와 똑같다. 챔피언스 리그 축구 경기를 보기 위해 새벽 4시에 일어나는 사람의 마음과도 같다.)

이렇듯 맛집에 진심이니, 나는 미슐랭 가이드에서 별을 받은 식당도 여러 곳 가봤다. 정확히 몇 곳이라고 말하기는 쉽지 않다. 별은 연도별로 생겼다 없어졌다, 늘었다 줄었다 하는 것이니까. 내가 방문했을 때는 별이 없었으나 나중에 생긴 집도 있고, 반대로 내가 방문했을 때는 별이 있었으나 나중에 없어진 집도 있다.(물론 별의 개수가 달라지는 경우도 많다.) 그리고 별이 한 개인 식당 방문과 별이 세 개인 식당 방문은 전혀 다른 차원의 것이다.

그래서 나는 오래전부터 내가 모은 별의 개수를 헤아리기 시작했다. 원스타 식당에 한 번 가면 별 하나 수집, 두 번 가면 별 둘 수집, 투스타 식당에 한 번 가면 별 둘 수집, 쓰리스타 식당에 한 번 가면 별 셋 수집. 이런 식으로 계산하는 거다. 또한 내가 방문했을 때는 별이 없는 집이었지만 나중에 그 식당이 별을 받았을 경우, 별 하나를 수집한 것으로 간주하기로.(원스타일 때 방문했던 식당이 나중에 쓰리스타가 되면 수집한 별 개수를 두 개 늘리는 걸로. 내가 방문했을 때는 별이 있었으나 나중에 별이 없어진 경우도 당연히 포함시키는 걸로. 애매할 때는 나에게 유리한 방식으로.) 음, 이게 무슨 공식 경기라면, 혹은 입사 지원서에 기재하는 스펙 같은 거라면, 경력을 부풀렸다는 비난을 받을지 모르지만, 이건 그냥 나 혼자만의 즐거움을 위한, 이왕이면 (아무 의미도 없지만) 하나라도 더 많은 별을 수집했다는 포만

감을 느끼기 위한 나만의 계산법이다.

과거에는 별 모으는 게 정말 힘들었다. 미슐랭 가이드 한국판이 없던 시절에는 무조건 해외로 나가야만 가능한 일이었고, 전 세계를 통틀어도 별 받은 식당의 수는 지금보다 훨씬 적었다. 2016년과 2022년의 자료만 보아도 이런 증가 추세는 확실하다. 2016년 별 받은 식당의 총수는 2,700개(원스타 2,173개, 투스타 416개, 쓰리스타 111개)였지만, 2022년에는 그 수가 3,290개(원스타 2,704개, 투스타 449개, 쓰리스타 137개)로 6년 새 21.8퍼센트나 늘었다. 정확한 연도별 통계는 구하기 어려웠지만, 더 먼 과거에는 훨씬 적었던 것으로 알고 있다.

미슐랭은 다들 알다시피 프랑스의 타이어 회사다. 1899년에 설립됐고, (사람들이 더 많이 자동차 여행을 하도록, 그래서 더 많은 타이어를 구매하도록 유도하려는 목적으로) 1900년 처음으로 가이드북을 제작하여 무료 배포한 것이 미슐랭 가이드의 시초다.(그때는 식당과 호텔 외에 정비소와 주유소 정보도 수록돼 있었다고.) 반응이 좋았던지, 1904년부터는 벨기에 편을 시작으로 지역별 가이드북을 나눠 발간하기 시작했다. 유료화는 1920년에 이뤄졌는데, 미슐랭 아저씨가 어느 주유소에 갔다가 그 책이 작업대 받침용으로 쓰이고 있는 걸 보고 열받아서, '사람은 자신이 돈을 주고 산 것만 소중하게 여기는 법'이라는 생각으로 팔기 시작했다고 전해진다.

훌륭한 식당에 별을 부여하는 방식은 1926년에 시작됐고, 세 단계로 별의 개수를 차등화하기 시작한 것은 1931년이다.(맛집 가이드북이야 매우 많지만 미슐랭 가이드가 가장 권위 있는 것은 이처럼 유구한 역사를 갖고 있기 때문일 것이다.) 이후 1957년에는 '빕 구르망' 카테고리가 추가됐고, 2005년에는 처음으로 비유럽 지역 에디션(뉴욕 편)이 출간됐으며, 2007년에는 첫 아시아 에디션(도쿄 편)이, 2015년에는 첫 남미 에디션(리우데자네이루 & 상파울루 편)이 나왔다. 2016년에는 '미슐랭 가이드 서울'이 발간되며 드디어 국내에도 별이 뿌려졌다.

별 개수의 의미는 1931년에 정해진 것을 지금까지 그대로 쓰고 있다. 원스타는 '요리가 훌륭한 식당(Very good cooking in its category)', 투스타는 '요리가 훌륭하여 길을 우회할 가치가 있는 식당(Excellent cooking, worth a detour)', 쓰리스타는 '요리가 매우 훌륭하여 특별한 여행을 떠날 가치가 충분한 식당(Exceptional cuisine, worthy of a special journey)'을 뜻한다.

아무리 미식의 나라로 유명한 프랑스라고 해도, 거의 100년 전인 1931년에 이미, '오로지 한 곳의 식당 방문을 위해 아주 멀리까지 여행을 떠날 수 있다'는 생각을 했다는 사실이 어찌 보면 놀랍다.(나는 이런 생각을 아직도 못 한다. 여행 계획이 잡히면, 그 기회를 틈타서 나의 방문지 인근에 있는 근사한 식당을 찾아갈 궁리를 할 뿐이다. 언젠가는 단 한 번이라도 오로지 미식만을 목적으로 하는 장거리 여행을 해보겠다는 막연한 꿈은 있지만.)

내가 평생 처음으로 미슐랭 스타 레스토랑에 가본 것은 20년 전쯤이다. 그 무렵에는 1년에 한두 개의 별을 모으는 데 그쳤지만, 이후 출장이나 여행 횟수가 늘고 수입이 조금씩 늘어남과 동시에 별의 개수도 조금씩 늘어났다. 도쿄, 홍콩, 싱가포르, 서울 등에도 별이 빛나기 시작한 이후에는 그 속도가 더욱 빨라졌다. 하지만 별 수집에 있어서 의욕이나 정성보다 중요한 것이 시간적 여유이고, 그보다 더 중요한 것은 주머니 사정일 수밖에 없으니, 현재 지구상에 뿌려진 4천 개가 넘는 별 중에서 내가 잠시라도 품어본 것은 아직 100개가 채 안 된다. 이것도 다른 사람들에 비하면 매우 많은 것이지만, 앞으로도 엄청나게 늘어날 것 같지는 않다. 특별한 일만 없으면 100개는 무난히 넘길 거라 예상하지만, 200개까지는 절대 못 모을 것 같다. 수집 속도가 오히려 느려지기 시작했기 때문이다. 별 자체의 희소성이 덜해졌고, 한계효용체감의 법칙이 여기에도 적용되어, 별을 쳐다보는 설렘이나 별을 맛보는 기쁨도 과거보다 덜해졌다. 별 받은 식당이라고 해서 무조건 훌륭하거나 엄청나게 감동적이지 않다는 사실도 깨달았고, 슬슬(이제야?) 노후 준비에도 신경을 써야 하기 때문이다.(어쩌면 그래서 목표 별을 정할 때 더욱 신중해지는 것 같다. 그냥 별 말고, 범상치 않은 '스토리'까지 갖춘 특별한 별을 찾게 된다.)

사람들이 나에게 흔히 묻는 것 중에서 "네가 가본 맛집 중 최고는 어디였니?"라는 질문에 대한 대답은 다음 글에서 이어간다.

세계 최고 맛집의 품격

참 대답하기 어려운 문제다. 점심 메뉴를 고르는 일도 쉽지 않고 인생 맛집을 열 개쯤 고르는 것도 힘든 일인데, '최고 맛집'을 하나만 꼽으라니. 물론 이 질문에 대한 답변이 인생관을 드러내는 것도 아니고, 대답을 잘못했다가 큰 설화를 겪을 위험이 있는 것도 아니고, 묻는 사람이 엄청난 의미를 두고 질문하는 것도 아니지만, 답변하기 어려운 건 분명하다. 최고의 영화, 최고의 소설, 최고의 배우, 최고의 가수를 꼽는 게 다 곤란한 것처럼.

사실 이런 질문들이 어려운 이유는 '주관적'이기 때문일 것이다. 숫자나 논리로 설명할 수 있는 과학이 아니기에, 수치화할 수 있는 기준이 없기에, 어차피 정답이란 게 없는 질문이다. 하지만 누구에게나 인생 맛집이 있는 것처럼, 각자가 생각하는 최고 맛집은 있기 마련이고, 나에게도 그런 곳들이 몇 군데 있다.(하나만 꼽기는 정말 어렵다. 마치 그 하나를 뺀 나머지 맛집들이 나에게 섭섭하다고 할 것만 같은 느낌, 나에게 큰 기쁨을 준 다른 여러 맛집들에게 몹쓸 짓을 하는 느낌이 든다.)

그래도 가장 먼저 생각나는 곳은 덴마크 코펜하겐에 있다. 몇 년 전 코펜하겐에 갈 기회가 생겼을 때, '드디어 코펜하겐에 가본다'는 사실만으로도 가슴이 뛰었던 기억이 난다. 전 세계 미식가들에게 '성지' 중의 하나로 꼽히는 도시이기 때문이다.

코펜하겐에 있는 허다한 맛집 중에서도 가장 먼저 예약에 도전한 곳은 역시 '노마(Noma)'였다. 세계에서 가장 유명한 식당 중 하나. 노르딕(nordisk)의 'no'와 음식을 뜻하는 덴마크어 'mad'에서 비롯된 이름 그대로, 노르딕 퀴진의 세계적 유행을 불러일으킨 일등 공신. 당시만 해도 미슐랭 가이드에서는 두 개의 별만 받고 있었지만(지금은 세 개다), '레스토랑'이라는 잡지가 선정하는 '세계 최고 레스토랑 50선(The World's 50 Best Restaurants)'에서는 여러 차례 1위를 차지한 바 있는 곳. 예약 사이트가 열리자마자 보통 3개월 정도 되는 한 시즌의 모든 예약이 끝나버리는 것으로 악명(?)이 높아, 전 세계에서 가장 예약하기 힘든 레스토랑 중 하나로 꼽히는 곳.

예약 사이트가 열리는 시각을 미리 메모해두고 경건한 마음으로 결전의 순간을 기다렸다. 한국 시각으로는 새벽 1시였다. 이런 순간을 위해 그간 명절 기차표, 한국시리즈 티켓, 아이유 콘서트 티켓 등을 구매하며 '광클' 실력을 갈고닦아온 것이 아니던가. 일주일에 4-5일만 문을 여는 식당이니, 내가 방문 가능한 날은 목금토 단 사흘. 혹시 1-2분이라도 먼저 사이트가 활성화되지 않을까 전전긍긍하며 연신 새로고침 버튼을 눌렀다. 1시 정각이 되자 마침내 예약 화면이 열렸다.

내가 가장 원했던 금요일부터 클릭했더니, 저녁은 이미 매진이었으나 점심은 예약이 가능했다. 심장 박동이 빨라지는 게 느껴졌다. 혹시 목요일은 저녁도 가능할까 싶은 마음에 목요일을 선택했더니, 목요일은 점심과 저녁 모두 매진. 아차차, 점심이면 어떠냐, 노마에 가보는 게 중요하지. 다시 금요일을 클릭했다. 그러나 그 짧은 순간에 금요일 점심도 매진. 헛된 기대를 품고 토요일을 선택해보았지만 당연히 모두 매진. 그렇게 나의 꿈은 물거품이 되었다. "네가 원하는 날은 모든 좌석이 '솔드아웃'이니, 다른 날을 찾아보거나 대기자 명단에 이름을 올리렴"이라는 문장이 야속했다.

어차피 사흘 외의 다른 날은 내가 갈 수 없는 날들이었지만, 다른 날들도 여기저기 클릭해봤다. 그 짧은 순간에 시즌 전체가 매진이었다. 세계에서 가장 예약하기 힘든 레스토랑이라는 말은 헛소문이 아니었다. 나는 왜 이렇게 우유부단한 것일까, 자책했다. 첫 클릭에서 점심 예약이 가능했을 때, 감지

덕지하며 밀어붙여야 했는데, 왜 잠시 망설였을까. 내가 예약에 성공하여 노마를 경험했더라면, '세상에 미식가는 두 종류가 있다. 노마에 가본 사람과 못 가본 사람' 등과 같은 헛소리를 하며 평생 우려먹었을 텐데…. 순간의 주저로 인해, 죽을 때까지 간직했을지도 모를 추억을 얻을 기회는 그렇게 날아갔다. 가능성은 극히 희박하다고 생각했지만, 대기자 명단에 이름과 이메일 주소를 남기고 컴퓨터를 껐다.

하지만 아직 절망할 필요는 없었다. 코펜하겐에는 노마만 있는 것이 아니었으니까. 나의 다음 목표는 '제라니움(Geranium)'이었다. 이곳 역시 최고의 식당 목록에서 늘 최상위권에 오르는 곳으로, 어떤 리스트에서는 노마보다 윗자리를 차지하기도 하는 유명한 레스토랑이다. 미슐랭 가이드의 쓰리스타 레스토랑 지위도 노마보다 먼저 획득했다. 제라니움의 예약 시스템은 훨씬 인간적(?)이다. 매일 하루씩, 정확히 90일 전부터 예약을 받으니까. 매일 덴마크 시각으로 자정이 되면, 그날로부터 90일 후의 예약 접수가 시작되는 방식. 이번엔 세 번의 기회가 있는 셈이다.

내가 원하는 날로부터 정확히 90일 전, 나는

새벽 6시 반에 일어나서 경건한 마음으로 컴퓨터 앞에 앉아 예약 사이트에 접속한 채 7시가 되기를 기다렸다. 역시 새로고침을 반복하는 중에 예약 페이지가 열렸고, 나는 빛의 속도로 새로 생긴 날짜를 클릭했다. 된다! 하지만 아직 기뻐하긴 이르다. 되는가 싶다가도 다음 단계로 넘어가지 않고 먹통이 되는 경우가 이런 '피켓팅'에서는 흔하니까. 하지만 이름과 이메일을 입력하는 단계를 넘어 신용카드 정보까지 입력을 완료하자 'completed'라는 단어가 떠올랐다. 진짜 해냈다. 장하다, 재영아.(손뼉은 치지 않았다.) 단순히 신용카드 정보만 준 것이 아니라 밥값의 절반쯤을 예약 보증금으로 지불했다. 시간 변경은 (해당 시간에 빈자리가 남아 있을 때에 한해) 가능하지만, 취소는 불가능하다. 아니 취소는 가능하다, 다만 환불이 안 될 뿐.(환불원정대의 만옥, 천옥, 은비, 실비가 총출동해도 안 된다.)

그로부터 90일 후, 나는 제라니움 입구에 도착했다. 제라니움은 일단 위치부터 매우 독특한데, FC 코펜하겐의 홈구장, 그러니까 축구장 건물 8층에 있다. 서울월드컵경기장 꼭대기 층에 최고급 레스토랑이 있는 격이다. 식당에 들어서면 창밖으로 푸르른 숲이 시원하게 보이는데, 주로 목재로 된 의

자와 테이블을 비롯한 인테리어는 딱 '북유럽' 스타일이다. 밝고 캐주얼하고 단순하다. 쓸데없는 격식 따위는 전혀 느껴지지 않고, 테이블이 그리 크지 않은 대신 간격은 넓다. 서빙을 하는 사람의 표정과 몸짓에도 근엄함 대신, 마치 동네 식당에 또 찾아온 단골손님을 대하는 듯한 친근함이 묻어난다. "드디어 제라니움을 경험할 수 있게 된 걸 축하해. 예약하고 찾아오느라 힘들었지? 앞으로 세 시간 동안 우리가 매우 즐겁게 해줄게. 기대해도 좋아." 실제론 이것보다 간단한 인사였지만, 내 귀에는 이렇게 들렸다.

음식도 더할 나위 없이 좋았다. 좋은 재료, 참신한 조합, 과감한 시도, 독특한 플레이팅, 모든 것이 조화로웠다. 최고 수준의 레스토랑이 되기 위한 필수 조건이라 할 '창의성'도 빛났다. 여긴 그야말로 '찐'이구나.

하지만 무엇보다 좋았던 것은, 모든 음식에 관한 설명을 그걸 만든 사람이 직접 와서 해준다는 점이었다. "이러저러한 재료를 써서 요래요래 '내가' 만들었다"는 자세한 설명. 녹음기를 틀어놓은 듯, 의무감에, 건조한 목소리로, 상대방이 듣든 말든, 빠르게 읊조리고 마는 설명이 아니었다. 눈을 맞추고 미소를 지어가며 음식을 만든 사람과 먹는 사람이 교감을 나누는 시간이었다.

코스가 중간 무렵에 이를 무렵, 뭔가 낯선 모습이 눈에 들어왔다. 손님들이 밥을 먹다 말고 잠시 어딘가를 다녀오는 것이다. 혼자가 아니라 일행이 같이, 그것도 담당 서버와 함께였다. 뭐지? 주방을 구경시켜주는 건가? 이런 생각을 하고 있을 때 우리를 처음 맞아주었던 분이 웃으며 다가왔다. "우리 레스토랑 구경 좀 할래?" 싫다고 할 이유가 없었다.

처음 본 공간은 '샤퀴테리 저장고'라고 해야 하나, 서늘한 작은 방에 수많은 종류의 육가공품들이 쌓여 있었다. 은은한 스모크 향과 진한 육향이 코를 파고들었다. 혼자 다 먹으려면 10년은 걸릴 듯한 양이었다. 어떤 재료로 어떻게 만드는지에 대해서도 간단히 설명을 들었지만, 잘 들리지 않았다. 후각 자극이 워낙 강렬해 청각은 마비된 느낌. 다음으로 구경한 곳은 와인 저장고. 1천 병은 족히 넘는 각양각색의 와인들. 라벨만 봐도 비싸 보이는 것들. 일찍이 와인의 세계에 탐닉하지 않았던 게 얼마나 다행인지.

진짜는 다음 공간이었다. 여러 명의 셰프들이 바쁘게 일하고 있는 주방 공간. 홀 테이블에서도 여러 명의 셰프들이 보였었는데, 그들이 전부가 아니었던 거다. 그리고 주방에서는 축구장이 내려다보였다. 빅 매치가 벌어지는 순간에는 일하는 데 방해되지 않을까. "저기 스카이 박스 보이지? 저기서는 우리 식당에 음식을 주문할 수 있어." 근사하긴 한데, 강렬한 자극이 한꺼번에 두 가지나 들어오면 오히려 감흥이 떨어지지 않을까 싶기도 했다. 그곳에서 일하던 셰프 한 명이 작은 접시에 샤퀴테리와 치즈를 몇 종류씩 담아 맛보게 해주기도 했다. 짧고 인상적인 투어를 마칠 무렵에는 제라니움 상호를 배경으로 사진도 찍었다.

디저트 중의 하나를 만든 사람은 한국인이었다. 이십대로 보이는 여성이었는데, 우리에게 다가와 반가움을 표했다. 자신은 영국에서 요리를 공부했고, 제라니움에서는 2년째 일하고 있다고 했다. 한국에서 오는 손님이 많으냐고 물으니, 한 달에 한두 팀은 온단다. 즐거운 대화를 마칠 무렵, 그녀가 메모지와 필기구를 내밀며 이렇게 말했다. "실례가 안 된다면, 이메일 주소를 남겨주시겠어요? 제가 언젠가 귀국해서 저의 디저트 가게를 차리면 연락드리고 싶어요." 기꺼이 연락처를 남겼다.(실제로 그는 몇 년 후 서울 용산구 한남동에 개업을 했다. 현재 가장

'핫한' 디저트 가게 중 하나인 '아틀리에폰드'의 김유정 셰프다.) 예약 과정부터 우연한 만남까지, 맛집 경험을 통해 가질 수 있는 거의 모든 즐거움에 더해 '스토리'까지 풍부하니, 지금도 나는 제라니움보다 더 강렬한 추억을 선사한 레스토랑은 만난 적이 없다.

하지만 제라니움과 맞먹을 정도로 인상적이었던 곳은 있다. 미국 샌프란시스코의 '베누(Benu)'다. 한국계 미국인인 코리 리(Corey Lee, 한국 이름은 이동민) 셰프가 운영하는 식당이라 국내 언론에도 많이 소개되었는데, 요즘은 '안성재 셰프'가 일했던 곳으로 더 유명하다. 사실 코리 리와 안성재의 인연은 각별하다. 코리 리가 미슐랭 쓰리스타 레스토랑인 '프렌치 런드리'에서 헤드 셰프로 일하던 시절, 당시만 해도 무명(?)이었던 안성재를 스카우트했고, 나중에 베누를 개업할 때도 안성재가 초기 멤버로 합류했으니 말이다.

사실 음식만 놓고 보면 베누가 제라니움을 앞선다고 해도 과언이 아니다. 설명을 듣기 전에는 무슨 재료로 만들었는지 짐작조차 할 수 없는 창의적인 요리들을 내고, 그것들이 하나같이 아름답고 맛있기 때문이다. 게다가 김치, 순대, 된장, 김, 도토리, 식혜 등 한국의 식재료를 활용한 요리들도 있어서 더욱 반갑다. 식당 입구의 장독대와 '처마'라고 부를 법한 공간에 주렁주렁 매달려 있는 메주도 근사하다. 우리에겐 반갑고 외국인들에겐 신기하겠지. 근데 식당 이름은 'meju'나 'danji'가 아니라 이집트어로 불사조를 뜻하는 'benu'다.(코리 리가 선택하지 않은 이름 '단지'는 또 다른 한국계 미국인 셰프 후니 킴[Hooni Kim, 한국 이름은 김훈]이 2011년 뉴욕에 문을 연 레스토랑 이름으로 사용됐다. 단지도 미슐랭 별 하나를 받았는데, 한식당으로 별을 받은 첫 식당이다.) 사실 제라니움보다 부족한 것은 딱 한 가지, 레스토랑 투어가 없다는 것뿐이다.(덴마크 사람들이 쓰는 영어가 한국인의 귀에는 좀 더 잘 들린다는 것도 제라니움의 장점(?)이긴 하다.) 개업 첫해에 미슐랭 가이드에서 별 두 개를 받았고, 몇 년 후부터는 10년 넘게 쓰리스타를 유지하고 있다는 사실만 봐도 베누의 저력을 알 수 있다.

코리 리는 참 재미있는(?) 사람인 것 같다. 베누의 음식에서도 느꼈지만, 그가 2016년에 베누 인근의 샌프란시스코현대미술관(SFMOMA) 1층에 '인 시투(In Situ)'라는 식당을 차렸다는 소식을 접하고는 정말 무릎을 쳤다. 이곳은 세계 곳곳의 100여 개 유명 식당에서 개발한 요리를 똑같이 베껴 내는 게 콘셉트다. 허락을 받은 것은 물론이고 조리법도 배워 왔으며 그릇까지 똑같은 걸 쓰기도 한다. 이런 식당의 이름을 '원래의 자리'라는 뜻을 가진 라틴어로 붙이는 기발함이라니. 한 사람이 지척에 있는 두 개의 레스토랑을 운영하는데, 한 곳에서는 세상 어디에도 없는 창의적인 음식을, 다른 한 곳에서는 세상 곳곳으로부터 베껴 온 음식을 파는 것이다.(심지어 인 시투 역시 미슐랭 가이드에서 별 한 개를 받았다.) 정말 가보고 싶은 식당이었는데, 5년간 운영되다가 2021년에 문을 닫아 아쉽다.(미술관과의 계약 문제도 있었겠지만, 코로나 팬데믹의 영향도 있었던 것으로 알려진다.)

제라니움에 관한(어쩌면 제라니움과는 무관한?) 이야기 중에서 아직 말하지 않은 것이 한 가지 있다. 제라니움을 방문한 다음 날 오전, 습관적으로 이메일을 확인하는데 발신자가 노마인 메일이 있었다. "예약 취소가 발생해서 대기자 명단에 이름을 올린 너에게 연락하는 거야. 혹시 오늘 저녁에 올 수 있으면 다음을 클릭해보렴."

헉. 어제 제라니움을 갔었는데, 오늘은 노마에? 내 마음속에서 두 가지 목소리가 동시에 들려왔다. '네가 무슨 재벌 2세니? 참아라' vs. '네가 평생 노마에 가볼 기회가 또 오겠니? 질러라'. 일단 클릭을 했다. 결과는?

이미 익숙한 메시지가 떴다. '솔드아웃.' 순간 깨달았다. 이메일을 나한테만 보낸 게 아니었던 거다. 대기자 모두에게 동시에 보냈겠지.(노마 예약을 시도하는 사람은 연간 100만 명이 넘고, 대기자 수는 매일 수천 명에 달하는 것으로 알려져 있다.) 그리고 내가 메일을 확인하기까지 걸린 두 시간 사이에 누군가가 얼씨구나 하며 냉큼 예약했겠지. 노마는 아무래도 인연이 아닌가 보다 싶었다.

이후 나는 시즌이 바뀔 때마다 노마가 보낸 이메일을 받았다.(어쨌든 나는 노마의 잠재 고객이니까.) 다음 시즌의 테마는 무엇이며 예약은 언제부터 받는지 등을 안내하는 내용이었다. 그때마다 나의 우유부단함을 다시 탓하긴 했지만, 굳이 수신 거부를 선택할 필요는 없었다. 미식가라면 노마의 이메일 정도는 받아야 한다는 생각도 조금 있었을 테고, 노마가 어떤 주제로 어떤 '작품'을 만들고 있는지 살펴보는 것만으로도 즐거웠기 때문이다.

그런데 한번은 노마가 보낸 메일의 내용이 조금 달랐다. 다음 시즌 안내가 아니라 이런 내용이었다. "노마에서 오랫동안 함께 일했던 아무개 셰프가 이번에 독립하여 자신의 레스토랑을 열게 되었다. 그는 이러저러한 경력과 특기를 가진 훌륭한 셰프다. 우리는 그의 새로운 출발을 매우 축하한다. 노마를 사랑하는 고객 여러분께서도 그의 식당에 관심을 가져주시길 바란다." 그 레스토랑은 코펜하겐 시내, 그것도 노마랑 멀지 않은 곳에 있었다.

나는 노마에 가보지 못했지만, 그곳이 정말 좋은 레스토랑, 세계 최고 맛집에 걸맞은 '품격'을 갖춘 레스토랑이라는 사실을 믿어 의심치 않는다. 직원 중의 한 명이 경쟁업체를 차리는데 이렇게 따뜻하게 격려해주고 도움을 주는 회사가 어디 흔하겠나. 이건 아무리 경쟁업체가 생겨도 우리는 최고라는 자부심이 없으면 못 하는 일이고, 직원들의 발전과 성공이 곧 우리 회사의 성공이라는 인식이 없으면 못 하는 일이다. 열심히 일하다가 퇴사하는 직원에게 회사가 이렇게 배려하는 모습을 보면서, 남아 있는 직원들은 당연히 더 열심히 일하지 않겠나.

하지만 노마도 한때 '열정 페이' 논란을 겪었다. 노마 경력을 원하는 젊은이들을 '무급 인턴'으로 채용하여 혹사한다는 비판이었고, 이후 인턴에게도 급여를 지급하기 시작했다. 그 논란과 얼마나 관련이 있는지는 모르겠지만, 노마의 헤드 셰프인

르네 레드제피는 지난 2023년, 대중을 상대로 하는 레스토랑 운영을 2024년 말로 종료하고, 이후에는 요리연구소 비슷한 것을 운영하며 레스토랑은 프로젝트 베이스로만 운영하겠다 선언해 업계에 큰 충격을 줬다.(한때 세계 최고 레스토랑으로 꼽혔던 스페인의 '엘 불리'가 2011년에 폐업을 선언했을 때만큼의 충격은 아니었을지 모르지만.) 레드제피가 직접 밝힌 폐업 이유는 "노마와 같은 최고 수준의 레스토랑은 지속 불가능하다"는 것이었다. 일단 노마는 2025년 6월까지는 연장 운영을 하기로 했지만, 아무래도 조만간 결국 문을 닫을 것 같다. 최고의 자리에 20년 넘게 머물렀으니, 이제 무대에서 내려올 때가 된 것일까?(노마는 죽지 않는다. 다만 사라질 뿐이다.)

아무리 좋은 것도 영원하지는 않다. 아니, 오히려 좋은 것일수록 오래 지속되기 어려운 것일지도 모른다. 인생의 봄날도 그렇다.(이렇게 재미있는 책도 곧 끝난다.)

오래전에 사랑했던 배우나 가수가 세상을 떠났다는 뉴스를 접하면 팬스레 쓸쓸한 기분이 들고, 일종의 상실감까지 느껴지고는 한다. 정말 오랫동안 사랑했던 맛집이 문을 닫거나, 단 한 번 방문했을지라도 아주 강렬한 기억을 새겨준 맛집이 사라질 때도 비슷하다. 그런 걸 보면, 최고로 훌륭한 맛집은 불멸의 영화나 불후의 명곡과도 비슷한 존재가 아닐 수 없다.

노포는 언제나 옳다?

노마의 오너 셰프인 르네 레드제피는 "노마와 같은 최고 수준의 레스토랑은 지속 불가능하다"고 말했다지만, 지속하기 어려운 것은 보통 수준의 레스토랑도 마찬가지다. 아니, 평범한 음식점일수록 더 어렵다. 집이나 직장 근처에 새로 생기는 음식점들만 봐도 쉽게 알 수 있다. 새로운 식당이 문을 여나 싶더니 어느새 문을 닫는 경우가 얼마나 많은가.

여러 자료를 보면 새로 생긴 음식점 중에 거의 절반은 1년을 넘기지 못한 채 문을 닫고, 1년 전에 존재했던 전국의 모든 음식점 가운데 대략 다섯 곳 중 한 곳은 벌써 없어졌다. 창업 초기의 어려움을 이겨내고 5년 이상 영업을 계속하는 곳은 20퍼센트 내외에 불과하다. 그래도 새로 생기는 음식점은 없어지는 음식점보다 대체로 많아서, (전체 끼니 중에서 외식이 차지하는 비율이 높아진다고 하더라도) 경쟁은 점점 더 치열해진다.

상황이 이러하니, '노포'라고 하면 일단 믿음이 가는 건 당연하다. 형편없는 식당이 20년을 버텼을 리 없으니까. 뭔가 매력이 있으니 30년 넘게 영업하고 있을 거니까. 창업한 지 50년 이상 된 식당이라면, (반드시 그런 것은 아니겠지만) 대를 이어 음식점을 운영한다는 의미이니, 분명히 '깊은' 맛을 낼 것으로 기대하게 된다.(솔직히 '깊은 맛'이라는 게 정확히 뭔지는 잘 모르겠다. 거의 모든 음식 프로그램에 등장하는 '담백하다'는 말도 비슷하다. 가끔 '담백하고 깊은 맛'이라고 표현하는 경우도 있더라만.)

노포(老鋪)란 무엇이냐. 국립국어원 표준국어대사전에는 '대대로 물려 내려오는 점포'라고 되어 있다. 사전을 편찬하시는 분들의 노고에는 늘 감사하는 마음을 갖고 있지만, 노포의 정의는 약간의 보충이나 수정이 필요해 보인다. 사전적 의미를 엄격히 적용하면, 창업주가 스무 살에 문을 열어 일흔 살이 될 때까지 영업을 해도 노포는 아니고, 나이 든 아버지가 창업한 식당을 1년 후에 자식이 물려받으면 노포다. 또한 몇십 년 동안 성공적으로 운영되던 식당을 다른 사람이나 기업이 (다른 모든 것은 그대로 유지한 채) 경영권만 가져온다 해도, '대대로'라고는 하기 힘드니 노포가 아니다.(네, 저는 T 맞습니다.) 내가 생각하는 노포의 뜻은 단순하다. 아들에게 물려주든 딸에게 물려주든 누군가에게 매각하든 본인이 계속 하든 상관없이, '메뉴의 큰 변화 없이 30년 이상 영업하고 있는 음식점'이다.

왜 하필 30년이 기준이어야 하는지 근거는 물론 없다. 하지만 내가 작은 회사에서 나름 중요한 역할을 맡아 26년째 근무를 하면서, 크든 작든 하나의 기업을 30년 넘게 유지한다는 게 얼마나 힘든 일인지 절감한 것이 이유라면 이유일 수 있겠다. 물론 안정적인 조직에서 월급 받으며 30년 버티는 것도 쉬운 일이 아니지만, 자영업을 영위하면서 그 정도 긴 시간을 버티는 것은 훨씬 더 힘든 일일 것이다. 생각해보면 30년은 정말 긴 시간이다. 서른 살 청년이 환갑 중년이 되는 기간이며, 우리나라 대통령이 여섯 번은 바뀌는 기간이다.(이상한 사람을 잘못 뽑으면 더 많이 바뀔 수도 있고.)

사람들이 노포라고 하면 일단 최소한의 신뢰를 보내는 걸 아니까, 장사하는 사람들은 이를 교묘하게 이용하기도 한다. 가령 '샤브샤브1986'이라는 식당이 있는데 알고 보면 주인장이 1986년생이고, '삼대숯불갈비'라는 식당이 있는데 알고 보면 '한 사람이 세 대씩 먹어주기를 바라는 주인의 마음'이 담긴 이름이고, '할머니수제비'라는 이름의 식당은 '할머니 손맛을 손자가 추구하는 식당'인 식이다.(교촌치킨 간판에 '1991'이라고 적혀 있는 건 진짜 창업 연도다.)

이런 사례들은 그래도 귀여운(?) 편이지만, 싱가포르 차 회사인 TWG가 로고에 1837이라는 숫자를 박아넣었던 것은 거의 '사기'에 가까운 마케팅이다. 그 회사는 2008년에 설립됐으니, 1837년은 실제 창업 연도와 무려 171년이나 차이가 난다.(싱가포르 독립은 1965년이다.) 1837년은 싱가포르 상공회의소가 생긴 연도이고, 당시의 상공회의소가 차와 향신료 등의 유통을 주도했기 때문에 그것을 기념했다는 것이 회사 측의 설명인데, 자기들도 민망했는지 회사가 성공한 다음에는 숫자를 슬그머니 지웠다.(나도 200년 가까운 전통을 가진 유럽 브랜드인 줄 알았다가 나중에 사실을 알고 배신감을 느꼈고, 그 이후 한 번도 TWG 제품을 구매한 적이 없다. 사실은 그전에도 없다. 배신감은 금전적 피해 없이도 느낄 수 있다.)

　무늬만 노포 말고, 레트로 감성 살린다고 일부러 옛날 물건들로 장식한 가게 말고, 진짜 노포, 그러니까 내 기준으로는 30년 이상 된 음식점들을 많이 가봤다. 잘 모르는 식당 중 하나를 골라야 할 때 이왕이면 오래된 곳을 택했고, 50년 혹은 그보다 더 오래된 식당들은 일부러 찾아가기도 했다. 모두가 내 입맛에 맞았던 것은 아니고, 모두가 진정한 맛집으로 느껴졌던 것도 아니지만, 거의 예외 없이 '왜 살아남았는지'는 이해할 수 있었다. 음식 맛이 보통이면 서비스가 친절하거나 가격이 저렴하기라도 했고, 실내가 지저분하고 주인 할머니의 표정이 화난 듯한 곳은 음식 맛이 기가 막혔다. 내 입맛엔 맞지 않아도 '이런 맛을 아주 좋아하는 사람이 많지' 싶은 곳도 적지 않았다. 노포는 무조건 옳다는 건 어느 정도 맞는 말이다.

그 많은 노포 중에서도 내가 유난히 애정하는 집들이 있다. 100년 넘는 역사를 자랑하는 경기도 하남시의 마방집(1920)을 비롯하여 서울의 청진옥(1937), 하동관(1939), 한일관(1939), 우래옥(1946), 고려삼계탕(1960), 진주회관(1968), 부영각(1970), 대구삼겹살(1977), 삼청동수제비(1982) 등이 그들이다.(서울에 살고 있어서 다른 지역의 노포들을 많이 가보지 못해 아쉽다.)

한국에서 성공한 노포 대부분이 가진, 어쩌면 당연한 공통점이 있다. 한때의 유행이 아니라 지속적으로 한국인이 사랑하는, 한국인의 소울푸드를 다루는 집들이라는 점이다. 새로운 아이템으로 단기간 성공할 수 있을지는 몰라도, 수십 년 혹은 그 이상 (흑자를 유지할 정도의) 인기를 유지하는 건 역시 '올디스 벗 구디스(Oldies, but goodies)'다. 한때 그렇게 유행했던 벌집아이스크림 가게를 지금은 찾아보기 어려운 것처럼, 최근 골목마다 존재하는 마라탕이나 탕후루 맛집이 '노포'가 될 때까지 살아남는 건 매우 어려울 것이다. 평양냉면 전문점은 다른 냉면집들과만 경쟁하면 되지만, 마라탕집은 다른 모든 음식점들과 경쟁해야 하니까.(그런 면에서 '들기름막국수'라는 새로운 아이템으로 큰 성공을 거두고 전국 곳곳에 들기름막국수 식당이 생기는 계기까지 만들어낸 '고기리막국수'의 사례는 정말 특별한 것이다. 요식업에 종사하는 사람은 물론이고 '고객'의 마음을 사로잡아야 하는 위치에 있는 모든 사람들은 고기리막국수의 공동대표 김윤정 님이 쓴 '작은 가게에서 진심을 배우다'라는 책을 읽어볼 만하다.)

물론 노포라고 언제나 옳은 것은 아니다. 노포의 가장 큰 매력은 '변함없는 맛', 즉 어느 날이든 음식의 품질을 똑같이 유지하는 것일 텐데, 꽤 이름난 노포 중에도 그게 잘 안 되는 곳들이 있다. 공산품이 아니니 어느 정도의 차이는 이해하려 하지만(심지어 우래옥의 육수 맛도 어떤 날은 조금 다르게 느껴지니까), 그 차이가 커서는 곤란하다. 그보다 더 나쁜 것은 원가를 줄이려는 등의 목적을 가지고 '의도적으로' 맛을 떨어뜨리는 경우다. 양을 줄이거나 값을 올리는 건 용서할 수 있지만, 노포가 그러면 안 된다. 뜨내기손님이라면 몰라도 단골들은 미세한 차이에도 발길을 끊을 수 있다.

솔직히, 일부러 찾아간 노포에서 실망한 경우도 적지 않다. 심지어 '이 집이 왜 오래 살아남았지?' 하는 생각이 들거나 '앞으로도 오래 지속되기는 어렵겠구나' 싶은 집도 있었다.(실제로 나의 방문 후에 없어진 곳들이 있다. 내가 무슨 살을 날리거나 했던 것은 아니다.)

하지만 대체로 노포는 옳다. 내가 사랑하는 노포 중에서 비교적 '젊은', 그러나 매우 격하게 아끼는 집은 벽제갈비다. 홈페이지에 나와 있는 창업 연도가 1986년이니, 이제 겨우(?) 불혹의 나이일 뿐이다.(사실은 그 몇 년 전부터 존재했던 벽제갈비라는 평범한 고깃집을 김영환 회장이 1986년에 인수한 것인데, 원래의 주인은 고 김대중 대통령의 장남 고 김홍일 씨였다.)

나는 벽제갈비의 존재를 1988년, 신촌에 있는 대학에 입학하면서 알게 됐다. 그때만 해도 신촌에시나 조금 유명한 맛집에 불과했던(물론 그때도 대학생의 주머니 사정으로는 가기 힘든 집이있지만) 벽제갈비는, 1990년대 초반 일본인 관광객들도 찾아오는 유명 맛집으로 발전했고, 1990년대 후반쯤부터 지금까지 한국 최고의 고깃집으로 손꼽히고 있다.

나는 1995년 초에 처음으로 벽제갈비의 생갈비를 먹어보았는데, 그게 얼마나 감동적이었던지 그걸 나에게 사줬던 선배에게 아직도 고마운 마음을 갖고 있다. 세월이 많이 흐른 후 그분에게 그 사실을 말하며 '평생 잊지 못한다'고 고백했지만, 정작 그분은 기억을 못 했다.(때린 놈은 다릴 못 뻗고 자도 맞은 놈은 다릴 뻗고 잔다는 속담도 있지 않나. 이럴 때 쓰는 말이 아닌가?)

벽제갈비의 성공은 CEO가 소고기에 '미쳤기' 때문에 가능했다. 무역회사와 건설회사에서 근무하다가 퇴직한 후 피자집을 잠시 운영한 것 말고는 외식업 경험이 없던 김영환 회장은 고깃집 운영에서 제일 중요한 것이 좋은 고기의 확보라는 당연한 사실을 깨닫고 전국을 돌며 최고의 고기를 찾아다녔고, 결국 최고 품질의 고기를 테이블에 올릴 수 있었다.(지금은 고기가 아니라 아예 소를 구매하는데, 서울 시내에 네 군데 있는 벽제갈비 매장에서만 최고 등급의 소가 연간 600마리 정도 소비된다고 한다.)

그런데 벽제갈비는 욕도 많이 먹는다. 이유는 단 하나, '너무 비싸서'다. 최고 품질의 고기가 가장 비싸게 팔리는 건 어쩌면 당연한 일이겠지만, 솔직히 상당히 비싼 건 사실이다. 2025년 3월 현재, 가장 비싼 설화 생갈비 1인분(200그램)의 가격이 무려 16만 원이니까. 파인 다이닝 레스토랑의 디너 코스 가격이 16만 원이라면 그게 끝이지만, 여기는 고깃집이고, 우리는 1인분만 먹고 그만두는 민족이 아니므로, 한 사람당 1.5인분을 먹는다면 24만 원인 셈. 게다가 웬만한 평양냉면 전문점보다 훌륭한 냉면의 가격(맛보기 냉면이 1만 원)도 만만치 않다. 4인 가족이 (돈 걱정 하지 않고) 배불리 먹으면 100만 원을 넘길 수 있다는 뜻이다.

하지만 나는 벽제갈비를 편들고 싶다. 벽제갈비와 비슷하거나 더 높은 가격이 책정되어 있는 식당이 이미 많은데, 그런 곳들에 대해서는 비난하지 않으면서 벽제갈비만 비난하는 건 공평하지 못하다고 생각하기 때문이다. 미슐랭 가이드에서 별을 받은, 그래서 벽제갈비 못지않게 비싼 식당 중 다수는 '컨템퍼러리' 아니면 '일식'으로 분류되는데, 그런 식당들을 두고 (안 가면 그만이지) 비난을 하는 사람은 없지 않나.(그런 곳에 다니는 사람을 이런저런 이유로 비난하는 목소리가 차라리 더 크다.) 한국을 대표하는 음식 중의 하나인 '갈비'를 판매하는 식당 가운데에서도 최고봉이라 할 수 있는 벽제갈비가 오마카세 스시집만큼의 가격을 받으면 왜 안 되나. 한식의 세계화가 필요하다며? 여기서 말하는 '세계화'가 세계 곳곳에 (싸구려) 중국 음식점이 있는 것과 비슷한 형태라면 모를까, 지금의 K-팝과 같은 '힙한' 모습을 원한다면 'K-푸드' 중에도 엄청나게 비싼 최고급 아이템이 있어야 하지 않을까?

또한 백화점 정육 코너의 최고급 한우 가격을 생각하면, 벽제갈비의 비싼 가격도 어느 정도는 이해가 된다.(솔직히 한우 맛있지 않나. 미국이나 유럽의 소고기는 물론이고 일본의 와규와 비교해도 밀리지 않는다고 믿는다.) 캐비어나 푸아그라나 트러플에 비싼 값을 지불하는 것과 꽃등심에 지갑을 여는 것은 무엇이 다른가. 게다가 벽제갈비는 고기만 최고인 것이 아니라 기본으로 제공되는 김치를 비롯한 여러 밑반찬도 웬만한 한정식집보다 훨씬 뛰어나고, (평생을 고기 굽기에 바친 것만 같은 포스가 느껴지는) '고기 굽기 장인'들의 솜씨도 엄청나다(특히 신촌점).

물론 벽제갈비도 완벽한 것은 아니다. 불고기를 비롯한 몇몇 메뉴는 명성이나 가격에 비해 조금 부족한 것이 사실이고, 매장의 분위기도 약간 애매하다.(완전 푸근 노포도 아니고 은근 세련 모던도 아니고, 미국산 소갈비를 파는 특색 없는 고깃집과 비슷하니까.) 그리고 후식도 좀 아쉽다. 수정과나 차가운 유자차 등의 음료와 과일이 나오는데, 음료도 맛있고 과일도 고급이긴 한데, 너무 뻔해서 뭔가 특별한 재미가 없다. 미슐랭 가이드에서 별도 받고 그러려면, 그리고 외국인에게도 자신 있게 소개할 수 있는 최고의 한식당이 되려면, 마무리에 조금 더 신경을 썼으면 좋겠다.(사실 거의 모든 한식당이 공통적으로 갖고 있는 문제이긴 하다. 우리나라가 서양이나 일본에 비해 디저트 문화가 덜 발달한 데서 기인하는 듯하다. 온갖 음식 다 먹은 다음에 '식사'라면서 주는 음식의 양은 좀 줄이고, 예쁘고 맛있는 한국식 디저트를 추가해주면 좋겠다. 심지어 약간의 돈을 더 낼 용의도 있다.)

그래도 나는 벽제갈비가 한국 최고, 아니 세계 최고의 생갈비 레스토랑이라 생각하고, 앞으로도 오랫동안 그 지위를 유지하기를 바란다. 그리고 '앞으로도 오랫동안' 내가 1년에 한두 번쯤은 방문할 수 있기를 소망한다.(나는 나에게 백화점 상품권이나 싱글몰트 위스키를 선물하는 분보다 벽제갈비에서 생갈비를 사주시는 분에게 훨씬 쉽게 마음을 뺏긴다. 그냥 그렇다고요.)

맛집을 찾는 바른 마음

처음부터 노포인 음식점은 없다. 하늘에서 뚝 떨어진 유명 셰프도 없다. 누구에게나 처음은 있고, 단 한 번도 시행착오를 겪지 않은 사람은 없다. 모두가 노포만 찾고 모두가 유명 셰프만 찾는다면, 우리의 맛집 월드는 풍요로워지기 어렵다. 모든 회사가 경력 사원만 뽑겠다고 하면 경력이 전혀 없는 청춘들은 갈 곳이 없는 것과 똑같다. 그러니 우리는 맛집 생태계의 건강성 유지를 위해서 새로 생기는 식당, 새로운 콘셉트의 식당, 도전적인 음식을 만드는 식당도 방문해줘야 한다. 아무도 시키지 않았지만, 나는 흔히 그렇게 한다. 물론 실패할 때가 많지만, 그런 실패들 속에서 드물게 '아직 아무도 모르는' 미래의 스타 셰프를 만날 때의 기쁨은 매우 크다. 그런 곳을 주변에 알려주는 즐거움도 크고.

책을 고를 때도 비슷하다. 나는 'YG와 JYP의 책걸상'이라는 책 팟캐스트를 9년째 진행하고 있다.(어쩌다 보니 국내 최장수 책 팟캐스트가 되었다. 스폰서도 없는 이 방송이 이렇게 오래 지속될 수 있었던 것은 크라우드펀딩으로 제작비를 모아주는 열혈 청취자들이 적지 않아서다. 어이가 없을 정도로 고마운 일이다. 도대체 왜? 매주 2회씩 방송되니, 아마도 최소 1천 회까지는 지속될 듯하다. 참, 책걸상은 '책에 관한 걸쭉

하고 상큼한 이야기'의 줄임말이며, YG는 그 YG 아니고 과학전문기자 강양구이며, JYP는 그 JYP 아니고 나다.) 국내 작가든 외국 작가든, 생전 처음 보는 작가의 (좋은) 책을 소개할 때 큰 보람을 느낀다. 혹시나 하고 읽었다가 역시나 하고 실망할 때도 많고 왜 이런 책을 골랐냐는 질책(?)을 받을 때도 있지만, 다독가이자 책 방송 진행자로서 '아직 알려지지 않은' 작가를 먼저 찾아내야 하는 책임감 비슷한 걸 느끼기 때문이다.

거창하게 말하면, 식당이든 책이든, '아는 맛'과 '미지의 맛'을 조화롭게 즐기는 것이 개인의 즐거움을 위해서나 공동체의 발전을 위해서나 좋은 일인 것 같다. 이미 (내가 많이 좋아하는 것으로) 검증된 식당이나 작가는 몸과 마음이 지쳤을 때 찾아가 위안을 받을 수 있는 휴양지이고, 아직 그 실체를 알지 못하는 음식점이나 책은 새로운 시도를 해볼 만한 에너지가 남아 있을 때 설레는 마음으로 방문하는 놀이공원이다.

휴양지든 놀이공원이든, 우리가 편안하고 즐겁게 지낼 수 있도록 그곳에서 열심히 일하는 사람들이 있다. 우리가 더 편안하고 더 즐겁다면, 누군가가 더 열심히 일한 결과다. 그러니 (편안하지 않고 즐겁지 않을 때는 빼고) 편안하고 즐거울 때는 그 이면에 숨어 있는 창작의 고통과 노동의 고단함을 헤아려주면 좋겠다.

이쁘하게 익지 않았다고 불평할 수는 있지만, 이쁘하게 익히는 것이 얼마나 어려운지는 알아주자는 말이다. 서빙하는 직원이 불친절하다고 비판할 수는 있지만, 그 일을 진짜 제대로 하기 위해서는 상당한 훈련이 필요하다는 사실은 인정하자는 뜻이다. 오죽하면 안성재 셰프가 서빙하는 직원들에게 '발레 수업을 들으라'고 했을까.(내가 의대생들에게 가르치자고 제안했던 체육, 연극, 요리 중에서 미식가에게는 요리가 특히 중요하다고 했지만, 훌륭한 셰프에게는 그 세 가지 모두가 대단히 중요한 덕목이다.)

나는 전작 『여행준비의 기술』에서 (여행 준비라는 취미를 통해) '자신이 가장 만족할 수 있는 여행지'를 찾아내는 것이 중요하다고 썼다. 유명한 곳이라고 해서 무조건 모두를 만족시킬 수 있는 것은 아니므로, 가이드북에 나온 별점이나 다른 사람의 이야기에만 의존하지 말고 진정으로 자신의 취향에 맞는 장소가 어디인지 평소에 찾아보자는 말이었다. 또한 여행 계획을 세울 때 (나중엔 사진을 봐도 어딘지 기억조차 나지 않을) 소문난 장소를 하나라도 더 보기 위해 너무 빡빡한 일정을 짜는 것보다는, 듬성듬성 여유 시간을 두어 골목길을 산책하고 동네 시장에 가보는 게 낫다고도 썼다. 우리가 행복을 느끼는 순간은 내가 정말 원하는 것을 얻었을 때, 그리고 (작더라도) 예상하지 못한 기쁜 일이 생겼을 때이기 때문이다.

맛집을 고를 때도 비슷하다. 나라고 해서 매 끼니를 해결할 때마다 맛집 정보를 열심히 검색하고 날마다 적지 않은 시간과 돈을 투자하여 멀리 있는 맛집을 찾아다닐 리는 없지 않겠나.(한량처럼 보이긴 하지만 진짜 한량은 아니다.) 당연히 (이미 알고 있는) 그저 그런 식당에서 끼니를 때울 때가 많고, 낯선 동네에서는 시간과 체력이 허락하는 범위 내에서 이 골목 저 골목을 기웃거리다 왠지 끌리는 식당에 들어서기도 한다. 하지만 아무런 정보 없이, 조금의 기대도 없이, 오늘의 운을 시험하는 기분으로 들어간 식당이 의외의 맛집일 때의 즐거움은 로또 4등에 당첨됐을 때보다는 훨씬 크다.(3등에 당첨된 것에는 못 미친다.)

철학자 마이클 샌델은 『완벽에 대한 반론』에서 "우리 삶을 구성하는 중요한 요소 중에 '선물로 주어짐(giftedness)'이 있다"고 했는데, 정말 100퍼센트 동감한다. 예기치 않게 찾아오는 슬픔도 있고 예기치 않게 찾아오는 기쁨도 있는 것이 인생이다. 줄일 수 있는 불확실성은 차단하는 것이 대개 마음의 평화를 가져오지만, 어떤 즐거움은 불확실성 속에서 온다. 하나의 선물 같은 맛집을 찾기 위해 미식가들은 열 번, 혹은 그 이상 새로 생긴 식당을 방문한다. 복권을 긁는 심정으로. 흔히 실패하지만 좌절하지는 않는다. 복권 당첨은 원래 어렵다.

『설득의 심리학』으로 유명한 로버트 치알디니는 좋은 선물에는 세 가지 요건이 있다고 했다. 예상치 못한 시점에(unexpectedness) 상대에게 꼭 맞는 것을(customization) 의미를 담아서(meaningfulness) 주는 것이 가장 좋은 선물이라는 것이다. 사실 원문에는 선물(gift) 외에 호의(favor)나 서비스가 함께 언급되어 있다. 위의 세 가지가 충족된 선물이나 호의나 서비스를 누군가에게 받았을 때, 우리가 느끼는 감정을 '감동'이라 부른다.

그러니, 진정한 미식가는 '소문난 맛집'에 연연하지 않는다. 〈흑백요리사〉에 나왔다고 해서, 〈미슐랭〉에 소개됐다고 해서, 무조건 달려가지는 않는다는 말이다.(예약만 되면 우아하게 걸어갈 때는 물론 있다. 하지만 몇 시간씩 줄을 서거나 예약을 위해 수

시로 '캐치테이블'을 들여다보지는 않는다. 대부분은 일정한 기간이 지나면 적당한 노력만으로 예약이 가능해지니까, 그때까지 기다리면 된다.) 물론 나도 그런 식당들이 무척이나 궁금하긴 하지만, 가장 맛있는 과자를 맛보는 시점을 조금 미루기도 하듯이, '언젠가 방문할 식당' 목록에 올려놓고 그날을 기다리는 편이다.(내가 진정 가고 싶은 음식점에 대해 내가 얼마나 집착하는지는 앞에서 이미 말했다.)

사실 갑자기 유명해진 맛집에 대한 열광은 일종의 포모증후군일지도 모른다. 이와 관련된 재미있는 연구도 있다. 에릭 눅(Erik Nook)과 자밀 자키(Jamil Zaki)라는 미국의 연구자들은 스탠퍼드대학교 학생들을 대상으로 150가지 음식 사진을 보여주며 자신들이 그 음식을 얼마나 좋아하는지 점수를 매기도록 하면서 그때의 뇌 반응을 기능적 자기공명영상(fMRI)으로 촬영한 바 있다. 처음에는 음식 사진만 보여주며 선호를 묻고, 두 번째는 해당 음식에 대한 전체 집단의 점수를 알려준 다음 다시 선호를 물었다. 여러분도 짐작하겠지만, 피험자들의 선호도는 집단의 평균과 가까운 방향으로 달라졌다. 이른바 순응 편향성이다.(로버트 치알디니가 일찍이 말했던 '사회적 증거의 원칙'과도 일맥상통한다.)

재미있는 점은 피험자들이 두 번의 점수를 매기는 동안 활성화되는 뇌의 영역도 달랐다는 사실이다. 첫 번째 평가에서는 건강한 음식 여부를 판단하는 영역이 활성화되었고, 두 번째 평가에서는 사회적 관계와 관련된 영역이 활성화된 것이다. 오래전 프랑스의 철학자 르네 지라르가 '모방 욕망(mimetic desires)'이라 불렀던, 우리가 진짜 내면의 욕구를 추구하는 것이 아니라 다른 사람들이 원하는 것을 욕망한다는 말은 맛집에서도 예외가 아니다. 하지만 내가 정말로 간절히 원하는 것을 얻었을 때, 그리고 그것을 우연히 얻게 되었을 때, 우리의 기쁨이 훨씬 커지는 것은 맛집이라고 해서 예외가 아닐 것이다.

　　치알디니가 말한 좋은 선물의 요건 세 가지는 사실 누군가를 위해 맛집을 선택할 때도 똑같이 적용된다. 단순히 배를 채우려는 게 아니라 어떤 특별한 순간을 위해 음식점을 고를 때는 더욱 그렇다. 우래옥이 아무리 맛있어도, 커플 모두가 필동면옥을 너무나 사랑해도, 프러포즈를 평양냉면집에서 냉면 사리 속에다 반지를 숨겨서 하는 건 이상하니까.

　　중요한 비즈니스 미팅이나 상견례 등의 까다로운 모임도 마찬가지다. 참석자들의 직장이나 집의 위치, 음식 선호도, 모임의 성격 등을 당연히 고려해야 하고, 그 외에도 주차 편의, 룸의 존재 여부, 식당의 소음 정도, 콜키지 가능 여부, 밥값의 지불자, 그들의 주량과 캐릭터 등 신경 써야 할 사항들은 너무 많다. 좋은 식당을 골랐다는 이유로 모임이 특별히 더 성공적이 될 가능성은 크지 않을지 몰라도, 정말 이상한 장소를 고른 탓에 모임이 망가질 가능성은 제법 된다. 쉽진 않지만, 참석자들이 아직 모르는, 그러나 경험했을 때 무척이나 만족할 만한 근사한 맛집을 골라내고, 그 집을 선택한 의미까지 스토리로 만들 수 있다면 모임은 무조건 성공하지 않을까 싶다.

그런데 만약 '좋은 선물'을 위한 요건에 '네 번째'를 추가한다면 무엇이 될까? 다음 사례를 읽으면서 한번 생각해보시길.

체코에 사는 주부 율리아나 라트는 원뿔 모양의 설탕봉에서 설탕 한 조각을 잘라내다가 손가락을 다쳤다. 19세기 중반 당시, 설탕은 대체로 원뿔과 같은 덩어리 형태로 거래되었고, 주방에서는 칼이나 망치를 이용해 설탕을 조각내는 것이 보통이었다. 덩어리가 무척 단단하고 크기는 1미터 이상이라 이는 꽤 힘들고 위험한 일이었다.

율리아나는 손쉽게 설탕을 자를 수 있는 방법을 찾아달라고 남편에게 부탁했다. 남편 야콥 크리스토프 라트(Jacob Christoph Rad)가 바로 설탕 정제소 대표인 동시에 열성적인 발명가였기 때문이다.

남편은 3개월 동안 열심히 연구와 실험을 계속했다. 마침내 그가 찾은 방법은 완전히 건조되지 않은 설탕을 체에 거른 뒤 설탕 입자를 정사각형 틀에다 모은 다음 꾹 눌러 모양을 잡고 열두 시간 동안 건조실에서 말리는 것이었다. 이를 위해 설탕 압축기라고 불리는 기계도 발명했다. 그러니까 최초의 각설탕은 아내의 부탁을 들어주기 위해 노력한 어느 남편에 의해 세상에 나왔다. 각설탕의 발상지인 체코의 다치체(Dacice)라는 도시에 있는 박물관에는 각설탕 기념상도 세워져 있고, 각설탕 관련 상설 전시도 마련되어 있다.(체코에 갈 기회가 있으면 여기에 꼭 가볼 생각이다.)

당신이라면, 각설탕 개발에 성공했음을 알게 된 순간 무엇을 했을 것 같은가. 흥분을 감추지 못하고 아내에게 달려가 '여보, 내가 해냈어. 이제 당신은 손 다칠 걱정 없이 편하게 설탕을 쓸 수 있게 됐어'라고 외치지 않았을까. 이게 일반적인 반응일 텐데, 야콥은 그렇게 하지 않았다. 그는 자신이 개발한 기술과 장비를 이용하여 흰색과 분홍색으로 각설탕을 만들었고, 두 가지 색 각설탕 350개를 예쁜 상자에 가지런히 담은 다음 아내에게 내밀었다. 사랑꾼 같으니라고.(상자가 하트 모양은 아니었던 모양이다.)

곧바로 달려갔어도 '세 가지 조건'을 모두 충족시키는 좋은 선물이었을 텐데, 그는 '포장'까지 완벽하게 했다는 의미다. 좋은 식당을 넘어 최고의 식당이 되기 위해서는, 맛있는 음식을 넘어 감동과 추억까지 주기 위해서는, 선물에서 포장에 해당하는 마지막 터치, 즉 그 식당을 오래도록 기억할 수 있는 무언가가 더해지는 편이 낫다. 제라늄이 레스토랑 투어를 시켜주는 것이나 노마가 근사한 이메일을 보내는 것처럼 물건이 아니라 추억 자체를 심어주는 방법도 물론 좋고, 손님이 간직할 수 있는 작은 물품을 건네는 방법도 좋다.(하다못해 그날의 메뉴판이라도.)

미국 캘리포니아 욘트빌에 있는 전설적인 레스토랑 '프렌치 런드리'는 내가 가본 최고의 음식점으로 다섯 손가락 안에 꼽는 곳인데, 음식이나 분위기나 '스토리' 모두 훌륭했지만, 식당을 나서기 직전에 기념품으로 주는 '쿠키 박스'야말로 정말 화

롱점정이었다. 직접 만든 맛있는 쿠키가 몇 개 든, 무광 은색의 작고 아름다운 양철통이었는데, 뚜껑에는 포크 모양의 프렌치 런드리 로고가 양각으로 새겨져 있었다. 전설은 괜히 만들어지는 게 아니다.(냉장고 자석 수집도 좋아하는 나는 그 뚜껑을 자석으로 변신시켰고, 그 자석은 지금도 나의 냉장고에 붙어 있다.)

    지금까지 '맛집'에 관한 수다를 많이도 떨었다. 끝으로 하고 싶은 말은 '세상에 완벽한 맛집은 없다'는 것이다. 맛도 좋고 분위기도 좋고 전망도 좋은데 가격은 저렴한, 친절하고 인스타그래머블하고 우아한데 푸근한, 발레파킹 무료에 콜키지까지 무료인데 팁은 안 받는, 식탁 위엔 명품 식기가 놓여 있고 플레이팅은 하나같이 예술인데 TV에 나오는 유명 셰프가 직접 와서 환하게 웃으며 함께 사진을 찍자고 말해주는, 그런 식당은 세상 어디에도 없다. 아니, 완벽한 맛집이 없는 게 아니라 '흠 없는' 맛집이 없다고 하는 게 더 징확하다. 우리 중 그 누구도 완벽하지 않고, 우리가 하는 많은 일 중에는 제대로 된 것보다 어설픈 게 더 많은 것과 같은 이치다.

그러니, 맛집을 찾는 바른 마음 중에서도 가장 중요한 것은, 그 식당이 가진 단점보다는 장점을 먼저 생각해주는 마음이지 싶다. 누구나 더 맛있는 음식을 파는 더 근사한 식당을 운영하고 싶겠지만, 행운과 능력과 자본과 기회가 모두에게 똑같이 주어지는 것은 아니라서 그렇게 하지 못한다.

대부분의 음식점은, 우리의 인생처럼, 사실 거기서 거기다. 모두가 평범해 보이지만 알고 보면 누구나 진심이 있고 매력도 있다. 진짜 행복은 평범함에서 온다고 하지 않나. (경찰에 신고하거나 〈그것이 알고 싶다〉에 제보해야 할 정도로) 정말 형편없는 맛집만 아니면, 너무 탓하진 말자. 배고픔이라도 덜어줬으니까.

동네 맛집부터 세계적 맛집까지, 세상의 모든 맛집은 우리에게 고마운 존재들이다. 우리의 눈과 코와 혀를, 때로는 영혼까지 즐겁게 해주는 모든 분에게 깊은 감사를 드린다. 함께 맛집을 방문하여 그 시간을 더 행복하게 해준 많은 분들에게도 고마운 마음을 전한다. 그리고 이 책을 끝까지 읽어주신 독자 여러분께도 특별한 감사를 드린다.(책 팟캐스트에서 내 책을 '서점에서 사서 안 읽는 사람'과 '도서관에서 빌려서 다 읽는 사람' 중 전자를 더 사랑한다고 말한

적이 있지만, 그건 방송의 재미를 위해 한 거짓말이었다. 사실은 후자를 더 사랑한다. 물론 서점에서 구입해다 읽는 사람을 가장 사랑하긴 하지만.) 이 책으로 인해 독자 여러분의 다음 맛집 탐방이 조금이라도 즐거워졌으면 좋겠다.

나를 만든 세계, 내가 만든 세계
'아무튼'은 나에게 기쁨이자 즐거움이 되는,
생각만 해도 좋은 한 가지를 담은 에세이 시리즈입니다.
위고, 제철소, 코난북스, 세 출판사가 함께 펴냅니다.

아무튼, 맛집

초판 1쇄 2025년 9월 8일

지은이 박재영
펴낸이 김태형
디자인 일구공
제작 세걸음

펴낸곳 제철소
등록 제2014-000058호
전화 070-7717-1924
팩스 0303-3444-3469

right_season@naver.com
instagram.com/from.rightseason

ⓒ박재영, 2025

ISBN 979-11-88343-86-7 02810

이 책 내용의 일부 또는 전부를 재사용하려면 반드시 저작권자와 출판사 양측의 동의를 받아야 합니다.